スギ先生と学ぶ
教育相談のきほん

杉﨑雅子

萌文書林
Houbunshorin

はじめに

たくさんある本の中から、「スギ先生と学ぶ　教育相談のきほん」を手に取ってくださり感謝いたします。

この本の目的

この本は、次のような目的で作成したテキストです。

> ・教師、保育者をめざしている学生の授業用、自学自習用として
> ・相談活動をすでに実践している支援者の振り返り用として
> ・教育相談に関心のある方の入門的読み物として

この本を「教育相談のきほん」とした理由は２つあります。

１点目は、「読みやすく」「コンパクトに」をコンセプトとしたテキストだからです。子どもとかかわる人は、子どものこころを育てる人であり、子どもとかかわる保護者のこころを支える人でもあります。現場での子どもへの支援、子育てへの支援の重要性は高まる一方です。「教育相談」にはそのために必要なことが詰まっています。大切なことはたくさんありますが、多くのことを詰め込んでもかえって本質が見えなくなってしまいます。また「教育相談は難しそう」と思ってもらいたくはありません。そのため、他の領域で学ぶことの説明は他書に譲り、教育相談の基本的なことだけに絞った内容で作成しました。

しかし、いくら理論を学んでも、それだけでは教育相談はうまくいきません。ここに書かれていることはあくまでも「はじめの一歩」です。それがタイトルを「教育相談のきほん」とした理由の２点目です。このテキストにある「基本的な知見」を身につけたうえで、それぞれが現場で自分なりの「応用編」を探っていってほしいと思います。皆さんが、この本で学んだことを生かしてくれること、子どもや保護者を支える人になってくれることを願っています。どうか、子どもや保護者の味方としてあたたかく寄り添える支援者になってください。

各章の構成

各章の構成は次のようになっています。

---

① **ユミリさんと先生のお話**…その章で学ぶことが示されています。

② **考えてみよう**…子ども、保護者、保育者の園での場面を例に、自分ならどうするか考えてみてください。

③ **ユミリとツヨシはこう考えた！**…2人が考えたことを参考に、自分の考えを深めてみてください。

④ **解説**…その章で学ぶ教育相談の基礎知識を詳しく説明しています。

⑤ **やってみよう**…その章で学んだことを生かして、教育相談で使う考え方や技法を体験してみてください。

⑥ **学びのポイント**…その章での学びを振り返りましょう。

⑦ **学びのメモ**…講義や研修で学んだこと、後から気づいたことなどを書き入れましょう。

⑧ **まとめのページ**…わかったつもりで終わりにせず、文章化して定着させましょう。

⑨ **コラム**…その章の解説を補う考え方や技法、相談の場面で役立つことの紹介です。

自分で考え、読んで、体験し、表現して…さまざまなアプローチをする中で、自然と「教育相談」のエッセンスに触れられるように組み立てられています。

この本の登場人物

ユミリ　：短期大学保育学科の1年生。中学生のときに職場体験で幼稚園に行ったことをきっかけに、保育者になることを夢見てきた。

ツヨシ　：専門学校保育科の1年生。保育者不足の中、男性保育者が増えてきているニュースを見たときに、保育者になることを決意した。ユミリのボーイフレンド。

スギ先生：ユミリの通う短期大学で、「教育相談」を教えている先生。心理士で、園や学校での相談活動も行っている。

　　　ユミリ　　　　　　ツヨシ　　　　　　スギ先生

教職課程コアカリキュラムとの対応

　この本で学ぶことと、文部科学省の教職課程コアカリキュラムの科目「教育相談（カウンセリングに関する基礎的な知識を含む。）の理論及び方法」との対応については、次ページの「教職課程コアカリキュラム対応表」を参照してください。

　最後に、この場をお借りしてお礼を述べさせていただきます。
私にたくさんのことを教えてくれた、これまで出会った子どもたち、保護者の方々、仕事関係の仲間たちをはじめとして日ごろサポートをしてくださっている方々、ありがとうございました。
　また、このような機会を与えてくださり、終始あたたかく励ましてくださった萌文書林の服部直人氏と、緻密かつ的確な助言をくださった江口智美氏に、こころからの感謝を申し上げます。

2018年7月

杉﨑雅子

教職課程コアカリキュラム対応表

科目名：教育相談（カウンセリングに関する基礎的な知識を含む。）の理論及び方法

全体目標：教育相談は、幼児、児童及び生徒が自己理解を深めたり好ましい人間関係を築いたりしながら、集団の中で適応的に生活する力を育み、個性の伸長や人格の成長を支援する教育活動である。

幼児、児童及び生徒の発達の状況に即しつつ、個々の心理的特質や教育的課題を適切に捉え、支援するために必要な基礎的知識（カウンセリングの意義、理論や技法に関する基礎的知識を含む）を身に付ける。

（1）教育相談の意義と理論

一般目標：学校における教育相談の意義と理論を理解する。

到達目標	本書の該当章
1）学校における教育相談の意義と課題を理解している。	第1章　教育相談って何するの？
2）教育相談に関わる心理学の基礎的な理論・概念を理解している。	第2章　子どもを理解する 第10章　保育者のメンタルヘルス

（2）教育相談の方法

一般目標：教育相談を進める際に必要な基礎的知識（カウンセリングに関する基礎的事柄を含む）を理解する。

到達目標	本書の該当章
1）幼児、児童及び生徒の不適応や問題行動の意味並びに幼児、児童及び生徒の発するシグナルに気づき把握する方法を理解している。	第2章　子どもを理解する
2）学校教育におけるカウンセリングマインドの必要性を理解している。	第4章　カウンセリングマインド
3）受容・傾聴・共感的理解等のカウンセリングの基礎的な姿勢や技法を理解している。	第4章　カウンセリングマインド 第5章　相談にのるための技法① 第6章　相談にのるための技法② 第7章　その他の技法

（3）教育相談の展開

一般目標：教育相談の具体的な進め方やそのポイント、組織的な取組みや連携の必要性を理解する。

到達目標	本書の該当章
1）職種や校務分掌に応じて、幼児、児童及び生徒並びに保護者に対する教育相談を行う際の目標の立て方や進め方を例示することができる。	第3章　保護者への支援 第8章　園内の教育相談体制
2）いじめ、不登校・不登園、虐待、非行等の課題に対する、幼児、児童及び生徒の発達段階や発達課題に応じた教育相談の進め方を理解している。	第2章　子どもを理解する 第7章　その他の技法 第8章　園内の教育相談体制
3）教育相談の計画の作成や必要な校内体制の整備など、組織的な取組みの必要性を理解している。	第8章　園内の教育相談体制
4）地域の医療・福祉・心理等の専門機関との連携の意義や必要性を理解している。	第9章　外部機関との連携

教職課程コアカリキュラムの在り方に関する検討会『教職課程コアカリキュラム』p.25　文部科学省ホームページ
2017年

http://www.mext.go.jp/b_menu/shingi/chousa/shotou/126/houkoku/1398442.htm

もくじ

はじめに……………………………………………………………………………………… i

教職課程コアカリキュラム対応表 ………………………………………………… iv

第1章 教育相談って何するの？

ユミリさんと先生のお話 ……………………………………………………………… 1

考えてみよう …………………………………………………………………………… 2

ユミリとツヨシはこう考えた！ …………………………………………………… 3

解説 ……………………………………………………………………………………… 4

やってみよう：いろんな気持ちを表現してみよう ………………………… 7

学びのポイント ……………………………………………………………………… 8

学びのメモ …………………………………………………………………………… 9

まとめのページ ……………………………………………………………………… 10

コラム：学校における教育相談 ………………………………………………… 11

第2章 子どもを理解する

ユミリさんと先生のお話 …………………………………………………………… 12

考えてみよう ………………………………………………………………………… 13

ユミリとツヨシはこう考えた！ ………………………………………………… 14

解説 …………………………………………………………………………………… 15

やってみよう：子どもの背景や気持ちを考えてみよう ………………… 17

学びのポイント ……………………………………………………………………… 18

学びのメモ …………………………………………………………………………… 19

まとめのページ ……………………………………………………………………… 20

コラム：客観的指標としての検査 ……………………………………………… 21

第3章 保護者への支援

ユミリさんと先生のお話 …………………………………………………………… 22

考えてみよう ………………………………………………………………………… 23

ユミリとツヨシはこう考えた！ ………………………………………………… 24

解説 …………………………………………………………………………………… 25

やってみよう：保育者の対応例 ………………………………………………… 27

学びのポイント ……………………………………………………………………… 28

学びのメモ …………………………………………………………………………… 29

まとめのページ ……………………………………………………………………… 30

コラム：ペアレント・トレーニング …………………………………………… 31

v

もくじ

第4章 カウンセリングマインド

ユミリさんと先生のお話	33
考えてみよう	34
ユミリとツヨシはこう考えた！	35
解説	36
やってみよう：苦手な人のタイプを考えてみよう	38
学びのポイント	39
学びのメモ	40
まとめのページ	41
コラム：こころに寄り添う	42

第5章 相談にのるための技法①

ユミリさんと先生のお話	43
考えてみよう	44
ユミリとツヨシはこう考えた！	45
解説	46
やってみよう：非言語的コミュニケーションを体験してみよう	48
学びのポイント	49
学びのメモ	50
まとめのページ	51
コラム：勉強する意味	52

第6章 相談にのるための技法②

ユミリさんと先生のお話	53
考えてみよう	54
ユミリとツヨシはこう考えた！	55
解説	56
やってみよう：保護者への応答を体験してみよう	59
学びのポイント	60
学びのメモ	61
まとめのページ	62
コラム：I メッセージ	63

第7章 その他の技法

ユミリさんと先生のお話 …………………………………………… 64
考えてみよう ……………………………………………………… 65
ユミリとツヨシはこう考えた！ ………………………………… 66
解説 ………………………………………………………………… 67
やってみよう：認知行動療法に触れてみよう ……………… 70
学びのポイント …………………………………………………… 71
学びのメモ ………………………………………………………… 72
まとめのページ …………………………………………………… 73
コラム：認知の歪み ……………………………………………… 74

第8章 園内の教育相談体制

ユミリさんと先生のお話 …………………………………………… 75
考えてみよう ……………………………………………………… 76
ユミリとツヨシはこう考えた！ ………………………………… 77
解説 ………………………………………………………………… 78
やってみよう：事例検討会を体験してみよう ……………… 81
学びのポイント …………………………………………………… 85
学びのメモ ………………………………………………………… 86
まとめのページ …………………………………………………… 87
コラム：マイノリティへの配慮 ………………………………… 88

第9章 外部機関との連携

ユミリさんと先生のお話 …………………………………………… 89
考えてみよう ……………………………………………………… 90
ユミリとツヨシはこう考えた！ ………………………………… 91
解説 ………………………………………………………………… 92
やってみよう：支援シートを読んでみよう ………………… 96
学びのポイント …………………………………………………… 97
学びのメモ ………………………………………………………… 98
まとめのページ …………………………………………………… 99
コラム：幼小連携 ………………………………………………… 100

もくじ

第10章 保育者のメンタルヘルス

- ユミリさんと先生のお話 …………………………………………… 101
- 考えてみよう ………………………………………………………… 102
- ユミリとツヨシはこう考えた！ …………………………………… 103
- 解説 …………………………………………………………………… 104
- やってみよう：ストレス状態をチェックしてみよう …………… 107
- 学びのポイント ……………………………………………………… 109
- 学びのメモ …………………………………………………………… 110
- まとめのページ ……………………………………………………… 111
- コラム：ストレス解消法 …………………………………………… 112

おわりに ……………………………………………………………… 115
文献一覧 ………………………………………………………………… 116
さくいん ………………………………………………………………… 120

第1章 教育相談って何するの？

ユミリさんと先生のお話

　ユミリさんは短期大学1年生。保育者を目指しています。今日も保育学科のスギ先生の研究室でおしゃべりしています。

ユミリ　：ねえ、スギ先生、今度「教育相談」っていう科目が始まるんだけど、教育相談って何するんですかあ？
スギ先生：保育者になったときに、相談にのることができるように勉強するんですよ。
ユミリ　：相談？　子どもの？
スギ先生：子どももももちろん含まれるけど、保護者からの相談にのることも、保育者の大事な役割ですからね。
ユミリ　：えー、あたし、人の相談なんて聞くのできなーい。
スギ先生：できるようにこれから勉強すればいいんですよ。
ユミリ　：ふーん…。

　相談にのる、と聞くと、ユミリさんと同じように不安になる人がいるかもしれません。ちゃんとした答えを言えるかな、解決してあげられるかな、などと心配になるでしょう。
　でも大丈夫。学びを深めていくうちに、少しずつ心配を減らすことができますよ。一緒に「相談にのれる保育者」を目指しましょう。

> **この章では…**
> ①教育相談がなぜ重要なのか
> ②相談にのる上で大切なことは何か
> ③園で行われている教育相談の形
> 　　　　　　　　　　　　について学びます。

考えてみよう

1．実習先で、「実習生は保護者とのかかわりは少ないけれど、現場では保護者の相談にのることも大事だから。保育者の保護者へのかかわりもよく見ておいて」と言われました。なぜ、保育・教育現場における保護者への相談活動が大事なのでしょうか。

> **ヒント**
> 子育て支援が必要といわれていることと関連しています。

2．相談にのる上で大切なことは何でしょうか。

> **ヒント**
> あなたがもし相談するとしたら、どんな人にどんなふうに話を聴いてもらいたいですか。

ユミリとツヨシはこう考えた！

スギ先生：突然ですがここで助っ人を紹介します。ユミリさんのボーイフレンドのツヨシさんです。「考えてみよう」の回答を、2人にも考えてもらいました。

ツヨシ：どうもー、ツヨシです。ユミリと同じく保育者を目指している、専門学校1年生です。よろしくお願いしまっス。

1．は自分が。
親もいろいろ悩むことがあるし、大人とはいえ誰かに相談できたほうがいいし、そのときに保育者が相談されることが多いから、じゃないですかね。

そう、いい視点ですね。保護者が子育てをする上で、社会がサポートする必要性が増している背景があります。

2．は私がやる！
私は、人生経験豊富な人に、はっきり「こうしたら」って言ってほしい。だからいろいろな経験をしておくことが大切…？

それも役に立つかもしれませんね。ただ、経験していなければ相談にのれない、というわけではありません。

解　説

　教育相談とは、保育・教育の実践者が行う相談活動のことを指します。保護者の相談にのり、保護者と共に子どもの発達を支えることは、保育者の役割の一つです。園では教育相談を通して、子どもの発達上の課題解決を図り、よりよい発達を促進するために援助的な働きかけをします。

1 教育相談がなぜ大切なのか

　近年、子育てが難しい時代であるといわれ、子育て支援という言葉をよく聞くようになっています。その理由として考えられるものには次のようなことがあります。

① 情報過多…インターネットやSNSでの情報があふれる中、情報に翻弄され、何が正しい子育てなのかわかりづらくなっている。
② 家族の形態の変化、価値観の多様化…核家族化やひとり親家庭の増加、共働き家庭や雇用形態の変化などにより、家庭だけで子育てできない背景がある。
③ 子どもの状態像の多様化…コミュニケーションが苦手な子や気持ちのコントロールができにくい子、敏感な子など、支援ニーズが高い子どもたちがいる。

　そうした現代の流れの中で、園における教育相談を通した保護者支援は、
・保護者の状態が安定することで子どもも安定することがある。
・園は身近で、保護者にとって相談しやすい。子育て支援の拠点である。
といった点から重要であるとされています。

例）保護者が安定すると子どもも安定する

　入園したてのAちゃんがなかなか園に慣れず、朝、登園時に泣いて母にしがみついていました。お母さんは、周囲の目も気にして、「ちゃんとしなさい」と厳しい顔で叱っていました。Aちゃんはますますしがみついて泣きます。保育者はAちゃんのお母さんに声をかけました。「お母さん、焦らないで大丈夫ですよ。お母さんと一緒にいたくて当たり前ですから。少しずつ慣れるように、私たちがかかわりますよ」お母さんは保育者の言葉にホッとした様子。厳しい顔で叱らず、A

ちゃんを待てるようになりました。するとＡちゃんはだんだん泣く時間が減り、母から離れられるようになりました。

2 相談にのる上で大切なことは何か

　相談というと、相談された側が答えを出してあげたり、解決してあげたりするイメージをもつ人もいるでしょう。しかし相談においては、答えを出したり、代わりに解決したりすることはしません。代わりに答えを出してあげることは依存心を高めることになり、自分で考える機会を妨げることにつながるからです。相談の目的は、相談者が自分の状態を整理し、自己決定をしていけるようにすることです。また、万が一うまくいかなかったときには相談にのった人に対して逆恨み等の悪感情を抱くことも考えられます。そうなるともう相談することができない関係性になってしまいます。

　ただし、公的支援などについて相談された場合は、手続きを説明したり、相談できる機関を紹介したりすることがあります。公的支援制度や専門機関について最低限の知識を有していることが保育者には必要です（第9章参照）。

　相談には、お互いを守るために一定のルールが存在します。

① 相談時間は1回50分程度におさめる

　人は、2時間も3時間も集中して人の話を聞くことはできません。話し手にも聞き手にも負担にならない時間内で話をすることが望ましいです。

② 秘密厳守する

　相談では、人に知られたくない家庭内のことが話されたり、普段の生活の中では表れないネガティブな感情が表現されたりします。相談の場から外に漏れないことが保証されてはじめて、相談者は安心して話をすることができます。相談者の許可なく他の人に相談内容を話さないことは必ず守らなくてはなりません。これを守秘義務といいます。ただし、虐待が疑われる相談などはこの限りではありません（第9章参照）。

③ 保育者として相談にのっているという枠を守る

　保護者から話を聞くことは、保育者という職業上の立場で行っていることです。勤務時間内に行う、園以外の場所で個人的に会わないなど、立場を越えたかかわりをしないようにします。

④ 複数対応

　重要なテーマで話す場合は、原則として複数対応（担任と主任、園長など）とします。

　これらのルールは、相談者と相談にのる人がどちらも傷つかないために必要なことです。

　相談をする、ということはとても勇気がいることです。この人に話したい、話してよかったと思われるためには、これらのルールを守ることに加え、日頃から信頼されるふるまい、態度でいるように心がけることが大切です。

3　園における教育相談の形

　保護者を対象とした教育相談の形には、次のようなものがあります。

① 日常生活の中で、送り迎えのときに保護者と交わす会話や連絡帳のやり取りでの相談

　普段の何気ない会話から保護者の子どもへのかかわりを知ったり、不安を感じ取ったりする機会となり、子ども理解にもつなげていくことができます。また、ちょっとしたやり取りを通して、保護者はその保育者を「話せる人か」「信頼できる人か」を感じ取っています。

② すべての子どもを対象に、学年の初めや夏休みなど年1～2回設定される相談

　こうした形の相談では、保育者が保護者から子どもの家庭での様子やかかわり方を聞きとったり、園での様子やかかわり方を伝えたりしながら情報を共有し、お互いに方針を確認する機会とします。

③ 保護者から申し込みがあり、心配なことについて個別に設定して行う相談

　保護者から「言葉が遅い」「子育てが大変」などの悩みを話された場合は、個別に時間をとり相談の機会を設定します。場合によっては保健師、心理士などの専門職も含めた相談にすることもあります。

④ 進学に関して行う就学相談

　第9章で詳しく説明します。

＊宮川萬寿美・金澤久美子『教育相談　学習の手引き』小田原短期大学保育学科通信教育課程　2017年より改変

「いろんな気持ちを表現してみよう」

1．いろんな気持ちを表現してみましょう
①生活の中で、感じている「気持ちを表す言葉」を、思いつくだけ、なるべくたくさん書いてみましょう。下のますの中に、一つずつ書きましょう。

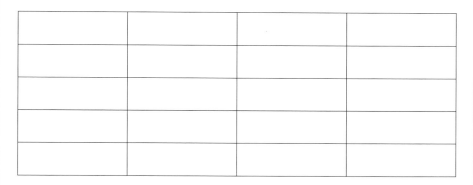

②それぞれの気持ちにあう色を選んで、その言葉のわくの中をぬりましょう（たとえば、幸せな気持ちには黄色など）。

2．書いた気持ちを表す言葉の中から、今日の気分に一番あうものに○をつけましょう。

横浜市教育委員会「指導プログラム編　20．いろんな気持ちを表現してみよう」
『子どもの社会的スキル横浜プログラム　三訂版』横浜市教育委員会　2012年より抜粋
http://www.city.yokohama.lg.jp/kyoiku/plan-hoshin/20120816154841.html

学びのポイント

ユミリ　　：相談にのることが、保育者にとって大切な仕事だってことはわかった。

スギ先生：お、いいですねえ。今回の学びのポイントは、

> **POINT**
>
> ①園は子育て支援の重要な拠点であり、子どもの健やかな発達のために、
> 　教育相談は重要な役割をもつ。
> ②相談にのる上では約束事がある。秘密を守る、個人的に相談にのらない、
> 　複数対応など。日頃から信頼されるように心がける。
> ③園での教育相談の形には、日常的なかかわりの中で行われるものと、
> 　時間を設定して面接をするものがある。

ユミリ　　：でも、まだ何したらいいかはぜーんぜん、わからないけどね！　でき
　　　　　　るとも思えないし！

スギ先生：出たー、ユミリさんの「わからない」「できない」口癖。

ユミリ　　：だって、子どもは好きだけど、保護者のことはまだよくわからないし。

スギ先生：まずは、子どものことをしっかり理解することが保護者対応にもつな
　　　　　　がるんですよ。次は、子ども理解を深めることにしましょう。

ユミリ　　：はーい。

学びの
メモ

第1章　教育相談って何するの？

教育相談って何するの？

学習日： 　年　　月　　日

番号 _____

名前 _____

① 園で行われる教育相談が重要である理由についてまとめましょう。

② 相談にのる上での約束事についてまとめましょう。

③ 園で行われている教育相談の形についてまとめましょう。

学校における教育相談

　石隈利紀は、学校教育における「心理教育的援助サービス」という概念を提唱しています*。心理教育的援助サービスとは、児童生徒の援助ニーズに応じた援助サービスを提供するという考え方であり、3段階に分けられます。

① 一次的援助サービス
　すべての児童生徒を対象とします。問題が発生する前に行う予防的援助と、よりよく生きるための開発的援助が含まれます。ソーシャルスキルトレーニング、ストレスマネジメント、自殺予防プログラムなどがこれにあたります。

② 二次的援助サービス
　問題を抱え始めている児童生徒を対象とします。早期発見、早期対応を目指す援助です。登校渋りや友人関係で孤立している様子が見られる子どもなど、学校生活で苦戦し始めている子どもに重篤化を予防する援助を行います。

③ 三次的援助サービス
　不登校、非行、虐待など、すでに問題を抱えている児童生徒を対象とします。状況に合わせた個別的な援助をします。

　相談、というと特別な人だけを対象に行われるもの、というイメージがあるかもしれませんが、すべての子どもが対象になっていることがわかるかと思います。特に、一次的、二次的サービスについては、子どもが日常生活を送る場所である学校だからこそ取り組める重要な援助といえます。

＊石隈利紀『学校心理学 ―教師・スクールカウンセラー・保護者のチームによる心理教育的援助サービス』誠信書房　1999年

第2章 子どもを理解する

ユミリさんと先生のお話

ユミリ　　：子ども理解かあ。ま、子どもは好きだから、大丈夫だな。
スギ先生　：子どもが好きなのはとても大切ですが、それだけでは不十分ですね。
ユミリ　　：えっ、どうして!?
スギ先生　：ユミリさんのイメージしている子どもっていうのは、たとえば先生が「みなさーん、集まってくださーい」と言ったら、「はーい」と言って集まってきたり、「先生ダイスキ」とニコニコなついてくれたりする子どもでしょう。
ユミリ　　：そう。この間、体験で園に行ったら子どもがたくさん寄ってきてくれて、かわいかったなあ。
スギ先生　：でも保育者になって担任になったら、かわいいだけじゃすまないですよ。お母さんと離れられなくて泣く子もいるし、集まってと言っても集まらないで他のことをしている子もいるし、園であまり話さない子もいるし、いろいろな子がいろいろなことをしますよ。
ユミリ　　：それはそうかもしれないけど、でもじゃあどうしたらいいんだろう。
スギ先生　：保育者は、子どもの行動を理解してかかわる必要がありますから、子どもを理解する視点を学ぶことが必要です。

　子どもとかかわるときに、皆さんは「どうしたらよいのか」「ちゃんとかかわれるか」を心配するかもしれません。でも、その前に「なぜ子どもはそういう行動をするのか」という理由や気持ち、背景を理解することが必要です。それがわかって初めて、どうかかわればよいかが見えてくるのです。

> この章では
> ①子どもを理解する視点
> ②子どもの表現方法
> について学びます。

考えてみよう

1. 最近、Ｂちゃんはこれまで見られなかった指しゃぶりが見られるようになりました。一人でできていた着替えも、大人が手伝ってくれるのを待っていて、自分ではやりません。Ｂちゃんの家では妹が生まれたばかりです。Ｂちゃんはなぜこのような状態なのでしょうか。

> **ヒント**
>
> 下にきょうだいができたとき、周囲の大人のＢちゃんに対するかかわりはどう変化しますか。

2. Ｃくんは、最近イライラしている様子が見られます。「うるせー」などと言葉づかいも乱暴になり、友達を叩くこともあります。これまではそのような様子はありませんでした。理由としてどのようなものが考えられるでしょうか。

> **ヒント**
>
> いろいろな背景を想像してみましょう。いくつもの可能性が考えられます。

ユミリとツヨシはこう考えた！

Bちゃんは、甘えたい気持ちがありそう。
Cくんは、何かイライラするような状況が急にできた…大人にすごく叱られたとか？

そうそう、そうやっていろいろ自由に想像してみてください。

Bちゃんは、赤ちゃん返りして自分も妹みたいにかわいがってほしいんだね。
Cくんは、ちょっと心配。もっと情報を集めないとわからないな。

そうですね。子どもの気持ちを想像することと、子どもを取り巻く環境が子どもに与える影響の両方を考えることが大切です。

解 説

1 子どもを理解する視点

子どもを理解するためには、2つの視点が必要です。

① 子どもの気持ちを想像する

子どもに限らず、人間は言ったり行動したりしたこと、すなわち言動がすべてではありません。皆さんも、言葉では「全然気にしていないよ」と言っても、実際には気にしていることもあるでしょう。言動の奥にはいろいろな感情、欲求、願い、葛藤、価値観などがあります。言葉だけ、行動だけを表面的にとらえるのではなく、「今どういう気持ちなのか」「どういう心理過程からそのような行動に至ったのか」を理解しようとすることが必要です。特に子どもの場合、子ども自身も自分の気持ちや行動の理由がわからないことが多いです。周囲の大人が気持ちを理解してかかわることで、子どもは自分のこころに目を向けて、自己理解を進めることができます。また、どう表現すればよいのか、そういう気持ちになったときにどう行動すればよいのかを学ぶことができます。

② 環境からの影響や背景を考える

子ども個人について理解しようとするだけでなく、子どもを取り巻く環境が子どもにどのような影響を与えているか、背景も理解しようとすることが必要です。一番に考えられるのは、家庭の状況や親子関係によるものでしょう。出産や再婚、同居の祖父母が亡くなるなどで家族が増えたり減ったりした、引っ越しをした等の変化や、過保護や放任など課題がある親子関係であることなどが考えられます。また、忘れてはいけないのは、園における環境も子どもに影響を与えているということです。担任をはじめとした保育者との関係や、子ども同士の関係、クラスの雰囲気などによって、子どもは伸び伸びと過ごせたり、心理的負担を感じたりします。その他、活動内容が本人に合っていない、集団行動が苦手などの場合も考えられるでしょう。

2 子どもの表現方法

子どもは言葉で表現することが未発達なので、言葉以外の方法で気持ちを表現することが多いです。

①**身体**…こころと身体はつながっています。言葉にできない思いが身体の症状で表現されることがあります。たとえば、頭痛、腹痛などの身体のどこかの痛み、吐き気や嘔吐、発熱、下痢、じんましん、頻尿、食欲低下や睡眠の乱れなどです。何かしらのストレス、心理的負担が子どもにかかっていないかを考えます。

②**行動**…行動には、叩く、泣く、ため息をつく、座らずに動き回る、叫ぶ、人の物を取る、爪かみ、指しゃぶりなどがあります。どんな思いが子どもにその行動をさせているのか、という視点で理解に努めます。

③**心理**…無気力、不安、イライラ、パニックなどです。表情やいつもと異なる雰囲気から察知できるとよいでしょう。

また、絵などの作品にもその人の気持ち、無意識の欲求が表現されるといわれています。たとえば絵なら、色彩の印象（黒ばかりで暗い印象の絵をかくなど）、選んだテーマ（暴力的なシーンをかくなど）、人物の表情（子どもが泣いている、おびえているなど）に、かいた人の心理状態が映し出されているかもしれません。いつもそういう絵をかく、あるいは急に絵の感じが変わった、というようなときにアンテナを張っておくと、子ども理解や虐待への気づき（第9章参照）に役立つかもしれません。

被虐待児による描画のイメージ図（筆者作成）

やってみよう

「子どもの背景や気持ちを考えてみよう」

次のような子どもがいた場合、どのような背景、気持ちが考えられるでしょうか。思いつく人は、どのようなかかわりができるかもあわせて考えてみましょう。

① Dちゃんはとてもよい子。先生の意図を理解して指示に従うし、手伝いもする。自分の気持ちは言わずいつも友達を優先してがまんする。ニコニコして怒らない、わがままも言わない。

_____

_____

_____

_____

② 先生が説明をしているとき、Eくんは外や天井を見ていて話を聞いていない。「これから箱をしまって帽子をかぶってここに並んで外に行きますよ」などと指示をだしても、Eくんは動かずぼんやりしている。

_____

_____

_____

_____

③ Fちゃんは登園してきてもなかなかクラスに入れない。お母さんにしがみつき、メソメソと泣く。朝、しばらくは泣き続けて、先生の言葉かけにも反応しない時間が続く。

_____

_____

_____

_____

第2章 子どもを理解する

学びのポイント

ユミリ　：子ども理解って奥が深いです。

スギ先生：人が人を理解するのは簡単ではないですね。だからこそ絶えず理解に
　　　　　努める姿勢を忘れてはいけないでしょうね。

POINT

① 言動の奥にある子どもの気持ちを理解しようとする。
② 子どもを取り巻く環境が子どもに与える心理的影響についても推測する。
③ 子どもの表現方法には、身体、行動、心理、絵など作品によるものがある。

ユミリ　：…実際に自分がやると思うと、難しくてできる気がしない…。

スギ先生：最初から、一つの正解があると思わないでいいんですよ。ああかな？
　　　　　こうかな？　と考えながらかかわると、子どもから何かしらの反応が
　　　　　あるわけですから、それをよく観察して、確信したり修正したりしな
　　　　　がら理解するんです。それに、毎日のように接している子どものこと
　　　　　を考えるのですから、今よりは理解しやすいのではないでしょうか。

ユミリ　：本当にできるようになるのかなあ。

スギ先生：できるようになるって、信じるか信じないかはあなた次第です！

ユミリ　：…ん？

学びの
メモ

第2章 子どもを理解する

| 第2章 | 子どもを理解する |

学習日：　　　　　年　　月　　日

| 番号 | |
| 名前 | |

① 子どもを理解しようとするための視点についてまとめましょう。

② 子どもの表現方法についてまとめましょう。

客観的指標としての検査

　子どもを理解する上で、観察から子どもの気持ちを理解することは基本ですが、そうした共感的理解とは別に、検査をして客観的に子どもを理解する方法があります。

　検査では、子どもの発達の程度、得意や不得意なこと、人とのかかわりの持ち方の傾向などを読みとることができます。検査は主に保健センターや発達相談室などで心理士が行い、保育者は保護者を通じ検査結果を知ることがあります。主な検査と、結果の意味することを知っておくことが必要です。一方で、検査の数値がすべてではありませんので、子どもを「発達が遅れているから」「○○が苦手だから」と決めつけるためではなく、子どもの特徴を把握し、園でのかかわりに生かすための参考にできるとよいでしょう。

①田中ビネー知能検査
　年齢ごとに検査項目が並び、総合的、全体的な知的能力（だいたい何歳くらいの知的能力があるか）の把握ができます。

②新版K式発達検査
　姿勢・運動、認知・適応、言語・社会の3領域ごとに、DQ（発達指数）を求めることができます。主に乳幼児の発達を調べる際に使用されています。

③ウェクスラー式知能検査
　ウェクスラー式知能検査は、対象年齢ごとに種類があります。5歳0か月～16歳11か月を対象としたWISC-Ⅳでは、全体的なIQ（知能指数）だけでなく、言語理解、知覚推理、ワーキングメモリ、処理速度の4つの指標得点を求めることができます。そのため、個人内の得意・不得意などの特徴を把握でき、支援策を考える上で役立ちます。主に年長～小中学生を対象に使用されています。

　他に、2歳6か月～7歳3か月を対象としたWPPSI-Ⅲなどもあります。

第3章 保護者への支援

ユミリさんと先生のお話

ユミリ　：あたし、子どもは好きだけど、大人と話すの苦手。

スギ先生：大人と話すほうが緊張する気持ちはわからなくはないけど、保育者になって子どもと接するだけというわけにはいきませんね。

ユミリ　：やだやだやだ、保護者とかなんかこわいし、やりたくないー。

スギ先生：ユミリさん。仕事というものを、保育者という専門職を、その程度にしか思っていないならあきらめたらいかがですか。

ユミリ　：ふぇ!?　いつも優しいスギ先生の目つきが変わってる…!?

スギ先生：嫌いとかやりたくないとかではなくて、相手に何が必要か、何が提供できるかを考えなくては。今は完璧でなくても、自分のできる範囲で少しずつ勉強していく姿勢をもってください。ユミリさんが今、勉強していることで、将来、助かる保護者がいるかもしれないんですから。

ユミリ　：…はい、すみません。わかりました。勉強します。

スギ先生：…勉強する?　言ったよね?　言ったよね！　勉強しましょう♪

ユミリ　：…先生、テンション変わり過ぎ〜。

　園や学校などに対し、自己中心的で理不尽な要求をしてくる親、いわゆる「モンスターペアレント」「クレーマー」などの例から、保護者対応は怖いもの、不安なものと感じる学生が多いようです。しかし、保護者側もいろいろと不安を感じているのです。相手を知らないと怖さは倍増しますから、まずは保護者の気持ちを知るところから始めて、保護者支援について考えてみましょう。

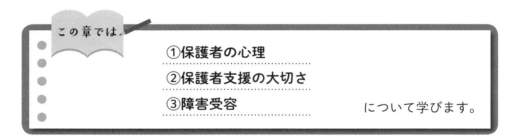

考えてみよう

　次の資料は、発達に遅れや偏りがある子の保護者の意見です。保護者は園にどのようなことを望んでいるのでしょうか。

〈園の対応でよかったこと〉
- ほかの子とあまり遊べない息子のために、息子専用のラジカセを用意してくれたこと。歌が好きなので、休憩時間を楽しく過ごせたようです。
- 集中するのが苦手な息子が課題に取り組みやすいように、机の横についたてを置くなど刺激が入らないような工夫を施されていました。子どもが過ごしやすい環境を常に考えてくれていたので、不満は何もありませんでした。

〈園の対応で嫌だったこと〉
　集団活動に参加できないことが当たり前となり、「邪魔にならないように」といつも隅で見学させられていました。そのため活動の様子を撮った写真にも娘の姿は写っておらず、それも嫌でした。

〈うれしかった言葉〉
「ママが一生懸命だから、私たちにできることは何でも協力します」
「私は○○ちゃんが大好きなので、○○ちゃんが困っているならご両親といっしょに対処していきたい」
「お母さんとお父さんが頑張っていらっしゃるから、その愛情が○○くんに伝わっていますね」

〈嫌だった言葉〉
「無理させすぎじゃない？」
「休む日がわかったら早めに教えてください」

それぞれの言葉から、保護者のどんな気持ちが見えてくるでしょうか。

第3章　保護者への支援

小平雅基・中野圭子（監修）『Gakken 保育 Books　気になる子のために保育者ができる特別支援』p.93-94　学研　2014年より抜粋

ユミリとツヨシはこう考えた!

〈嫌だった言葉〉の「休む日がわかったら早めに教えてください」って言葉、ひどい！　これじゃあ、その子が休んだほうがいいみたいに聞こえる。

必要な確認でも、相手の気持ちを考えた言葉を選ばないと、傷つけてしまうかもしれないですね。

逆に、〈うれしかった言葉〉だと、保護者と一緒に考えていく、協力していくということが伝わる言葉が保護者にはうれしいんですね。

そうですね。単に協力がうれしいだけではなくて、自分たちの気持ちをわかって寄り添ってもらえることがうれしいのでしょうね。

解 説

1 保護者を理解する

　保護者の言葉からは、保育者が自分の子どもに合った支援をしてくれていること、子どもを思う保護者の気持ちを受け止め一緒にやっていこうという姿勢があることをうれしく思う気持ちが見えてきます。また、保育者が子どもをお荷物のように感じて扱ったり、保護者のやり方を否定して批判したりするととても嫌な気持ちになることもわかります。保護者は自分の子どもを理解して大切にしてほしい、自分の子育てを否定しないでほしいと思っているのです。

2 保護者を支援する

　保育者は、保護者と仲よくなることが目標ではありません。保育者と保護者は、一緒に子どもの発達を支える協力者です。協力するために必要なことは、相手を理解しようとし、自分の考えを押しつけずに相手を尊重することです。その上で、保護者から困ったことを相談されたり、悩みを話されたりした場合には、園での様子を伝えたり、その年齢の子どもの特徴を伝えたりしながら一緒に考えていきます。保護者の気持ちが安定することで子どもへのかかわりが適切になり、子どもが安定していくことはよくあります。保育者が保護者を支援するのは、結果として子どものためになるのです。

　また、保護者といえども自分の人生を生きる一人の人間です。子育てだけでなく、仕事、介護などを抱えて目いっぱい忙しくしている人もいるかもしれません。体力の低下や健康上の問題などで、思うように動けなかったり、こころがふさいできたりする人もいます。子どもを見ている保育者からしてみれば、保護者として子どものことを優先してほしいのはやまやまでも、保育者の理想を押しつけてもなかなかその通りにできない保護者がいることも知っておく必要があります。

3 障害受容

　中には、少し発達に遅れが目立ったり、偏りがあると思われたりする子どももいます。保護者は自分の子どもに何か遅れや障害があるとわかっても、すぐに受けいれられるわけではありません。ショックなことを受けいれていくためには、

一般に下記のようなプロセスを経過するといわれています。

「否認」……そんなはずはない、何かの間違いだと打ち消す気持ち
   ↓
「怒り」……誰かのせいでこうなった、なぜこんなことになったのかという気持ち
   ↓
「取引」……よい行動をするから、その代わりに願いを聞き入れてほしいという気持ち
   ↓
「抑うつ」…自分の価値を喪失したような気持ち
   ↓
「受容」……現状を受けいれて少しずつ前を向いていく気持ち

E．キューブラー＝ロス『死ぬ瞬間 —死とその過程について』中央公論新社　2001年参照

　ときには怒りの矛先が保育者に向かうことがあるかもしれません。人から責められるのは誰にとってもよい気持ちはしませんが、保育者は感情的になることなく、冷静に気持ちをくみとり、態度を変えずに保護者と接することが必要です。上記のようなプロセスに寄り添って共に考えていく姿勢が求められます。

例）怒りの矛先が保育者に向かうとき

　集団活動が苦手なＧくんのことで、保護者が「３歳６か月児健診で相談しようと思うんです」と保育者に話をしてきました。保育者は「相談されることはいいですね。ぜひその結果を教えてください。園でできることを考えます」と答えました。
　その後、保育者は保護者から詳しい話を聞きたいと思い声をかけましたが、「話すことは特にありません」と怒ったように言われ、避けられる日々が続きました。
　しばらくして、保護者から面談の希望が入りました。そのときに保護者は「先生、せっかく声をかけてくださったのに、避けるような態度で申し訳ありませんでした。実は、健診後に病院で自閉スペクトラム症の診断を受けたんです。どこかでＧの特性をわかっていても、診断がついたことがなかなか受けいれられず、話をする気になれませんでした」と気持ちを話してくれました。

「保育者の対応例」

2つの保育者の対応を読み比べて、何が違うか、どのような印象をもつかを話し合ってみましょう。

〈パターンA〉
保護者：先生、うちの子、昨日帰ってきてから様子がおかしいんです。
保育者：はあ…。
保護者：外遊びのときにお友達と何かあったみたいなんですが。
保育者：そのときは、私は他の子と一緒にいたので、よくわかりません。
保護者：たとえば、いじめられているってことはないでしょうか。
保育者：じゃあ、一緒に外遊びのときにいた先生に聞いてみましょうか。
保護者：先生から見て、他のときはどうでしたか。おかしい様子はなかったですか。
保育者：はあ、まあ、特に変わった様子はないような気がしたんですけど…。

〈パターンB〉
保護者：先生、うちの子、昨日帰ってきてから様子がおかしいんです。
保育者：それは心配ですね。どんな様子でしたか。
保護者：表情が暗くて、元気がなくて、あまり話さないんです。外遊びのときにお友達と何かあったみたいなんですが。
保育者：そうですか、昨日は砂場で遊んでいましたね。特に変わった様子はなく、その後もお友達と一緒にいたのですが。何か言っていましたか？
保護者：何か嫌なことがあったようですが、話したがらなくて。
保育者：言えないのかな。嫌なことを思い出したくないのか、言いたくないのかな。
保護者：たいしたことではないといいのですが。
保育者：お話しくださりありがとうございます。今日、様子を見て、私からも話を聞いてみます。
保護者：よろしくお願いします。

学びのポイント

スギ先生：今回の学びのポイントを振り返っておきましょう。

> **POINT**
> ① 自分の子どものことを理解して大切にしてほしい、自分の子育てを否定しないでほしいという保護者の気持ちを理解する。
> ② 保護者が安定することで、子どもも安定することがある。子どもの発達を共に支える協力者になれるように、保護者とよい関係を築く。
> ③ 障害受容には一定の時間が必要なこと、保護者にもいろいろな葛藤があることを知っておく。

スギ先生：ユミリさん、まだ保護者とかかわるのは怖いですか？
ユミリ：んー、不安はあるけど、保護者も同じ人間だから、怖いって思わなくてもいいかもとは思ってきた。
スギ先生：そうそう。変に構えなくても大丈夫。がんばって勉強してえらいです。
ユミリ：(…スギ先生の目つきが変わるときのほうがよっぽど怖いかも…)
スギ先生：何か言いましたか？
ユミリ：何でもありません！

学びの
メモ

第3章 保護者への支援

 保護者への支援

学習日：　　年　　月　　日

番号　　　　　　　　　　
名前　　　　　　　　　　

① 保護者とかかわる上での留意点をまとめましょう。

② 障害受容のプロセスについてまとめましょう。

ペアレント・トレーニング

　ペアレント・トレーニングとは、子どもへのかかわり方を学ぶための保護者用のプログラムです。子どものよくない行動を減らそうとして、あるいはよい行動をさせようとして、ときに保護者は注意したり叱ったりしてしまいがちです。そうすると子どもは反発したり反抗したりするため、さらに保護者は叱る、といった悪循環がくり返されることになってしまいます。そうしたやりとりを、少しずつよい循環にするために、まず保護者から行動を変え、子どもへのかかわり方を変えてみよう、というのがペアレント・トレーニングの考え方です。

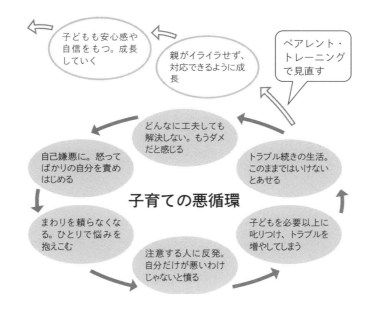

上林靖子（監修）『健康ライブラリー　発達障害の子の育て方がわかる！ペアレント・トレーニング』p.11
講談社　2009年より抜粋

　ペアレント・トレーニングでは次のようなステップに沿って、効果的なほめ方のタイミング、表情、言葉の内容や、効果的な指示の出し方などを学びます。

〈ペアレント・トレーニングの5つのステップ〉
1　子どもの行動を3つに分類する…「してほしい行動」「してほしくない行動」「許し難い行動」に分ける
2　肯定的な注目の与え方を学ぶ…「してほしい行動」を増やす
3　注目を取り去る方法を学ぶ…「してほしくない行動」を減らす
4　子どもの協力を促し、子どもに親が望むことをはじめてもらう方法を学ぶ
5　人を傷つける行動、放っておけない行動への制限の設け方を学ぶ

C. ウィッタム『読んで学べるADHDのペアレントトレーニング―むずかしい子にやさしい子育て』p.15
明石書店　2002年より要約

　元々はADHDなど発達障害の子どもをもつ保護者向けに開発されたものですが、現在は幅広く、育てにくい子どもをもつ保護者、子どもにうまくかかわることができない保護者にも活用されています。医療機関や保健センター、発達障害関連の団体、子育て支援の場などで開催されていますので、必要に応じて保護者に紹介できるとよいでしょう。
　また、保護者に限らず、保育者にとっても役に立つ視点がありますので、学んでおくことをお勧めします。

上林靖子（監修），河内美恵・楠田絵美・福田英子（編著）『保育士・教師のためのティーチャーズ・トレーニング ―発達障害のある子への効果的な対応を学ぶ』中央法規出版　2016年

第4章 カウンセリングマインド

ユミリさんと先生のお話

ユミリ　　：先生ってさ、カウンセラーなんだよね。
スギ先生　：はい、大学の教員の他にも、いろいろなところで子どもや保護者の相談にのるお仕事をしていますよ。
ユミリ　　：うちね、おばさんが幼稚園の先生やっていたの。それであたしもやってみたいなって思うようになったんだ。だけど、おばさんね、カウンセリングの勉強をするって言って、今、学生やってるの。
スギ先生　：そうなんですか。
ユミリ　　：カウンセリングの勉強をして、もっと子どもとか、保護者とかの対応がうまくなりたいって言ってて。カウンセリングって何するの？　人のこころとか、見えるようになるの？
スギ先生　：こころが何でも見通せるようになるわけではありませんよ。でも、人がどう感じているのか、何を思っているのかについていつも想像しながらかかわっているので、こころの動きには敏感かもしれません。人と接するお仕事には役に立つ部分もありますね。
ユミリ　　：ふーん。子どもが何を考えているか、わかるようになりたいな。
スギ先生　：では、カウンセリングの考え方を生かしたかかわりについて勉強しましょう。保育者にもとても大切なことですから。
ユミリ　　：明日、おばさんと会うから、勉強したことを話してみようっと。

この章では

①カウンセリングマインドとは何か
②カウンセリングマインドに基づいたかかわり

について学びます。

＼考えてみよう／

1. すぐ友達を叩くHくん。保育者は「叩いてはだめでしょ」「やめなさい」と注意をするが、Hくんは叩くことをやめない。どのような声かけやかかわりが他に考えられるでしょうか。

_____

_____

_____

_____

> **ヒント**
> Hくんはなぜ叩くのでしょう。どんな気持ちなのでしょうか。

_____

_____

_____

2.「Iくん、なんでJくんを突き飛ばしちゃったの？ 先生、叱らないから何でも言って」

「だってJくんが僕のブロックを取ったんだもん」

「ブロックを取られたからって突き飛ばしていいの？ 突き飛ばす子は悪い子ですね」

　Iくんは黙ってしまいました。Iくんが今後適切な行動をとるためには、どんな声かけ、かかわりが望ましいでしょうか。

_____

_____

_____

_____

> **ヒント**
> このような声かけでは、今後、先生が「叱らないから何でも言って」と言っても、Iくんはもう話してくれないかもしれません。

_____

_____

_____

ユミリとツヨシはこう考えた！

いけないことをしたときに、しっかり叱ることは大事だよね。子どもはまだそれを学んでいるところなんだから。

そうですね。ただ、叱るのは叱ることが目的ではなくて、「子どもが次に同じことをしないために」「何がいけなくて、次にどうしたらいいかわかるために」叱るのです。子どもだって納得が必要なのです。

子どもも納得しないと、叱っても効果がないってこと？でも叱らないのは私も反対。じゃあ、叱る前に気持ちをくみとって、「Ｉくんはブロックを取られて嫌だったのね。でも突き飛ばしたらいけません」と言うのは？

いいですね。自分の気持ちをわかってくれた上でなら、素直に話を聞いて自分の悪かったところを認められるかもしれません。

1 カウンセリングマインドとは何か

　カウンセリングとは、直面する困難や悩みの解決、あるいは人格や行動の変容を目的として成立する、クライエント（相談する人）とカウンセラー（相談にのる人）との人間関係、あるいはそこで交わされるコミュニケーションのことを指します。

　保育者はカウンセラーになるわけではありませんから、カウンセリングそのものを専門に勉強する必要はありません。しかし、カウンセリングの基礎となる考え方は、保育や教育などで子どもとかかわる際にも大変に役立つものなので、ぜひ身につけておいてください。

　カウンセリングに関する理論は数多くありますが、最も重要で現在の教育相談に影響を残しているものはC. ロジャーズ（1902〜1987）が提唱した「来談者中心療法」です。

　ロジャーズは、本来、人間は自分で自分の人生をよりよいものにしていける、すなわち自己実現の可能性をもっていると考えました。クライエントは現在たまたま悩みを抱えている状態であるが、カウンセラーがある条件を満たした中で話を聞くことで、クライエントが自ら問題を解決していけるとしました。カウンセラーが満たすべき条件とは次の3つです。

① **自己一致、純粋性**…カウンセラー自身が安定した状態であり、あるがままの自分を受けいれている状態であること。
② **受容**…クライエントを尊重し、ありのままを肯定的に受け止めること。
③ **共感的理解**…あたかも自分が相手と同じ体験をしているかのように想像し共感すること。

　特に「受容」と「共感」という言葉は、教育相談においてよく使用される言葉です。相手の気持ちを受けいれ、共感的にかかわることで、相談する人は話がしやすくなり、自分の気持ちに向き合うことができるからです。こうしたカウンセ

リングの基本的態度を生かして人にかかわることを「カウンセリングマインド」といいます。すなわち、行為の善悪を問いただすのではなく、「なぜそのような行為に至ったのか、あなたの気持ちを知りたい」「あなたの話を聞きたい」という態度でかかわることです。

② カウンセリングマインドに基づいたかかわり

　「相手を受けいれる」というと、よく誤解されるのが、「じゃあ、悪いことをしてもそれを受けいれなくてはいけないの？」ということです。カウンセリングマインドに基づいて子どもにかかわるときは、子どもがした行為と、その奥にある気持ちとを区別してかかわる必要があります。たとえば、友達を叩く行為はよくないことですが、本人がその行為に至るまでに体験した感情や事情（たとえば「友達に物を取られて悔しかった」「その子が他の子にちょっかいを出していたので許せなかった」等）を理解して受け止める、というように区別するということです。受けいれるのはあくまでも気持ち、ということになります。それは決して悪いことを認めてよい、叱らなくてもよい、ということではありません。自分が悪いことしたということを認めて、次から行動を変容させるためには、気持ちを一回受けいれてもらえる、理解してもらえるほうが、ただ叱られるよりも効果的な場合があるのです。

　また、気をつけなくてはいけないコミュニケーションのパターンに、「ダブルバインド」（＝二重拘束）といわれるものがあります。矛盾したメッセージを同時に送ることで、言われた側が混乱したり、結局は心理的に拘束されて自由に反応することができなかったりするコミュニケーションのパターンです。たとえば、「叱らないから言ってごらん」と言っておいて子どもが正直に話したら叱る、「自由に遊んでいいんだよ、ただし言うとおりにしてね」などと言って結局は自由に遊びを選択させないなどが挙げられます。ダブルバインドのメッセージは、受け取った側に困惑と不信感を生むことになりがちです。「このように言われたら、相手がどんな気持ちになるか」を考えながら、わかりやすいメッセージを送ることも、相手を尊重したかかわりになります。

「苦手な人のタイプを考えてみよう」

　あなたが苦手に思う人のタイプはどんな人ですか。大人でも子どもでもかまいません。思いつくだけ挙げてみましょう。
　例）時間にルーズな人、言葉遣いが乱暴な人、声が高い人…

_____人
_____人
_____人
_____人
_____人

　人間なので、苦手なタイプの人がいても仕方ありません。また、人は誰でも相性がありますから、20人を担任したとして、20人全員と気が合うとは限りません。中には子どもとはいえ苦手に思うタイプの子がいるかもしれません。大切なことは苦手だということを自分で認識しておくことです。それを自分で把握しておくことで、その苦手意識のまま行動してしまう（いわゆるひいきをしてしまう）ことを防ぐことができます。
　心理学では、過去の嫌な思い出からくるイメージをその人に重ねて、その人を苦手に思うことがあると考えられています。たとえば、以前にひげを生やしたおじさんにひどく怒られて怖い思いをしたので、ひげを生やした怖い人は苦手と感じるなどです。あるいは、自分がしたくてもできないことをしている人を苦手に思う傾向があるという説もあります。たとえば、誰とでもすぐ仲よくなれる人を「なれなれしい人は嫌だ」と感じている場合、こころの奥底ではそれをうらやましいと思っていて自分がそうできないことを腹立たしく感じているから相手を悪く言う、などです。いずれにしろ、自分のこころの何かを投影して苦手に思うわけですから、自分のこころと向き合って、仕事上はそれを出さないように心がけましょう。

学びのポイント

ユミリ　：おばさん、急にあたしが「ロジャーズ」とか「共感」とか言い出したらびっくりするかも。

スギ先生：そうかもしれませんね。姪っ子がちゃんと勉強していることを知って、うれしく思われるのではないですか。

POINT

① 話を聞く人に必要な態度には、「自己一致、純粋性」「受容」「共感的理解」の３つがある。

② 行為と気持ちを区別し、気持ちを受けとめて共感的にかかわる、すなわち「カウンセリングマインド」に基づくかかわりが、保育者に求められる。

③ 矛盾したメッセージを送る「ダブルバインド」に気をつける。

ユミリ　：子どものとき、あたしもこんなふうにかかわってもらいたかったなあ。なんか頭ごなしに叱られたことばっかり覚えているもん。「そうか、ユミリちゃんはこんな気持ちだったのね」「こうしてほしかったのね」なんて言ってもらえてたら、もう少し素直に言うこと聞けたのに。大人ってすぐ怒るーって思って、反抗ばっかりしてた。いい子じゃなかったな。

スギ先生：そうしたら、今度は自分が、子どもとかかわるときにそうしてあげられる大人になりましょう。その経験、その気持ちを無駄にしないで。

ユミリ　：そっか。それもそうだね。私の経験に無駄なし、ってね。

スギ先生：そうやって、自分を受けいれて安定しておくことも、大切だと学びましたよね。相談にのる人は、完璧な人間でなくてももちろんいいのです。ダメな自分も含めて、そんな自分をまあいいか、なんとかやってるし、と肯定していられることが望ましいのです。自分を一番、受容して共感的に理解してあげてください。一番難しいことだけれども。

ユミリ　：大丈夫、あたし、自分のこと一番好きだから！　ツヨシよりも！

スギ先生：…何て返したらいいのかな…。

学びの
メモ

 # カウンセリングマインド

学習日：　　　年　　月　　日

番号

名前

① 話を聴く人に必要な態度についてまとめましょう。

② 「カウンセリングマインド」に基づくかかわりについてまとめましょう。

③ 「ダブルバインド」についてまとめましょう。

こころに寄り添う

　保育者を目指す学生と話していると、「子どものこころに寄り添える保育者になりたい」とか、「保護者のこころに寄り添うことが大事だと思う」という意見をよく聞きます。とても大切な心がけだと思いますが、では「こころに寄り添う」とは実際にはどういうことを指すのでしょうか。

　相談場面では、日頃の会話では口に出さないこころの奥の本音、欲求が話されたり、誰かに対するひどい憎しみや恨みが話されたりします。また、家庭内の複雑な人間模様や、いたたまれなくなるほどの悲惨な話を聞くこともあります。そういうときでも、動揺せず、その人の気持ちを理解しようと努め、共感的態度で寄り添う…。人のこころの言葉を聴く人は、そういった覚悟をもって人の話を受けとめるべきだと思います。

　しかし、言うは易く行うは難しで、誰にでも「こうあるべき」「こうでなければだめ」という価値観があるため、テーマによっては聞きづらい場合があります。保育者になるような子ども好きの人の場合、もし保護者が「どうしても子どもがかわいいと思えない」「この子さえいなければと思ってしまうことがある」というような話をしたら、保護者のこころに寄り添うよりも、そういわれてしまった子どものほうに思いをはせてしまうのではないでしょうか。そして保護者を責めたいような気持ちがわき起こってしまうかもしれません。

　それが悪いと言っているわけではなく、「こころに寄り添う」ということはそれだけ難しいということを言っていると思ってください。気持ちを想像し共感する柔軟なこころ、でもその気持ちに巻き込まれない冷静な理性の両方が求められます。いろいろな立場や境遇の人に会って話を聞いたり、本を読んだり映画を見たりして、「人のこころ」というものに興味をもち続けてもらえると、「こころに寄り添う」ことがもっとできるようになるかもしれません。

第5章 相談にのるための技法①

ユミリさんと先生のお話

ユミリ　　：先生、見た目って大事？

スギ先生：どうしたんですか、急に。

ユミリ　　：あたし、こんなに子ども好きなのに、周りからそう見られない。子どもにキツくあたりそうとか、子どものわがままにつきあえなさそう、自分がわがままそうって言われたことがあるの。バイト先でも、生意気に思われることが多いし。見た目のせいだよね？

スギ先生：それが見た目のせいかどうかはともかく、人は人を見た目で判断するところはたしかにありますねえ。

ユミリ　　：人ってさ、大切なのは見た目じゃなくてハートじゃないの、は・あ・と！

スギ先生：もちろん、こころは大切です。ただ、見た目、つまり外見や、雰囲気、ふるまいなどで「こういう人」という印象を与えるということも、知っておく必要がありますね。教育相談でも重要なポイントです。

　相談にのる上でも、「見た目」は大切です。ここで言う「見た目」は、もちろん外見の美醜などではありません。その人のかもしだす雰囲気やふるまいで、周囲の人はあなたをどういう人か判断しています。相談にのるとき、まず「何を答えようか」「ちゃんと解決できるか」などに意識が行きがちですが、実はその前に、「この人に話を聴いてもらいたい」「この人なら相談しても大丈夫なのでは」と相談者に思ってもらえることがとても大切なのです。

この章では

① 相談の基本「傾聴」とは何か

② 非言語的コミュニケーションを意識した望ましい態度

について学びます。

＼ 考えてみよう ／

1. K子ちゃんのお母さんが「うちの子、朝なかなか起きられなくて…」と困った顔で話し始めたとき、保育者は話を聞きながら、近くでつい目に留まった下駄箱の上の砂利を払いながら「ああ、なるほど」と応答しました。すると、K子ちゃんのお母さんは途中で話をやめ、「あ、やっぱりいいです」と帰ってしまいました。保育者の何がいけなかったのでしょうか。

> **ヒント**
> 砂利を払うとき、保育者はどこを見ていたのでしょうか。

_____

_____

_____

_____

_____

_____

_____

2. L先生は、保護者と話すときに緊張するため、目を合わせないで早口で話を済ませてしまうことが多いです。保護者から、「L先生はいつも怒っているのですか？　話しかけにくいのですが…」と言われてしまいました。どのようなことからこころがけるとよいでしょうか。

> **ヒント**
> 目を合わさないで話されること、早口で話されることはどんな印象を与えるでしょうか。

_____

_____

_____

_____

_____

_____

_____

ユミリとツヨシはこう考えた！

ああ、これわかる。こっちが話しているのに、他の方を見て他のことをしながら聞かれているのって、なんかむかつくんだよー。

自分の話を聴き流す人に、真剣に話そうという気になりませんね。

やっぱり、目を見て話してくれると安心するし、にっこりしてくれたら話しかけやすいなあ。

はい、それに早口で短文で話されたら、ぶっきらぼうに感じるかもしれません。話し方のスピードや声のトーンも印象の違いを生みます。

解　説

1　傾聴とは何か

　相談された場合、まず「何を答えようか」と自分が話すことに意識が行ってしまいがちですが、相談で重要なことは「しっかり聴く」ことです。しっかり聴くことをカウンセリングでは「傾聴」といいます。傾聴とはどういうものでしょうか。

　まずは聴き手が集中してしっかり聴くことです。あなたは、誰かの話を全身全霊で集中して聞いた、という体験がありますか？　日常生活ではあまりないと思います。何か他のことに気をとられながら、何かをしながら聞くことが多いでしょう。相談場面では相手の言葉、言葉にならない思い、置かれている状況などに思いをはせながら、聞きもらさないように真剣に話を聞くことが大切です。聞く側が集中しておらず、何度も聞き返してばかりいたら、話し手は話しづらく、なかなか話を深めていくことができません。

　また、批判や否定、説得やはげましをせずに聴くことも傾聴です。実はこれは言うほど簡単なことではありません。話を聞いているうちに、自分の価値観とは違うことが出てくると、つい相手を批判したり否定したりしたくなるものです。しかし、自分のことを否定してくる人に、それ以上話をする気になるでしょうか。相談者が「話してよかった」と思えるためには、自分の話を聞いてくれた、わかってくれたという気持ちになれるようにすることが必要です。傾聴されることによって相談者は自分の気持ちに向き合い、整理をすることができるようになるのです。

2　非言語的コミュニケーションを意識した望ましい態度

　私たちが人とやりとりをする、つまりコミュニケーションをとっているときに、一番情報を伝えているものは何だと思いますか。言葉にばかり重きを置く傾向がありますが、実はコミュニケーションのうち、非言語的コミュニケーションが占める割合は93％もあります。非言語的コミュニケーションとは、たとえば表情、声のトーン、ジェスチャーというように、言葉以外に相手に情報を伝える手段を指します。どんなに言葉で「あなたはすばらしいですね」とほめられても、言う人の表情や声のトーンが伴っていない場合には「バカにされた」と感じることが

あるように、言語的コミュニケーションと非言語的コミュニケーションが不一致の場合、人は非言語的コミュニケーションの情報を信じる傾向があります。そのため、信頼されるためには非言語的コミュニケーションを意識する必要があります。非言語的コミュニケーションが適切であると「この人は信頼できる」という印象を与えることができ、相談者との間にラポール（信頼関係）を形成できることにつながっていきます。

　主な非言語的コミュニケーションには次のようなものがあります。

① **立ち位置**…背後に立たれると不安になる傾向があります。
② **距離**…1mくらい離れて話すと、遠い感じがして話が深まりません。15cmぐらいに近づくと、思わず距離をとりたくなります。一般に恋人同士など親しい間柄のみ許される距離といわれます。片腕1本分（75cm）くらいの距離で話しましょう。
③ **姿勢**…まさにこころの姿勢が表れます。のけぞったり、腕を組んだりする姿勢は威圧的でえらそうに見えます。背を丸めると頼りなく、肘をつくとやる気がなさそうに見えます。
④ **視線**…見つめすぎると窮屈な感じがしますし、まったく視線を合わせないのは興味がないように見えます。急に視線をそらすのも、話し手を「まずいことを話してしまったかな」と不安にさせます。話し手の顔の眉間や鼻先をぼんやり見るようにします。
⑤ **うなずき**…話の句読点にあたるところで、自然にうなずきを入れることで、相手は話しやすくなります。

　その他、ボールペンをいじったり、途中で時計を見たりする態度は、話し手にどんな印象を与えるでしょうか。髪や顔を触るクセなどにも注意が必要です。
　また、声のトーンやスピードも話しやすさを形成する要因の一つです。話しかけてきた人と同じ調子に合わせることが好ましいといわれています。ゆっくりめのペースで小声で話しかけてきた人には、聞き手も同じようにゆっくりめのペースで小声で返すというようにすると、話が続けやすくなります。

「非言語的コミュニケーションを体験してみよう」

二人組になって（A・Bを決める）どんな感じがするかやってみましょう。

① AさんがBさんの背後に立ちます。何も話はしません。Bさんはどんな感じがしますか。交代してやってみましょう。

② 二人の距離が1mくらいになるように離れて立ってみましょう。軽く挨拶をしましょう。75cm（片手一本分）、鼻先30cm、15cmと縮めていってみましょう。それぞれどんな感じがしますか。

③ 座って、Aさんが話をします。話の内容は、昨日の夕食のメニューや、見たテレビのことなどでかまいません。Bさんは話の聴き手になります。Bさんはのけぞって腕を組んでみましょう。そのあとで、よい姿勢で聞いてみましょう。それぞれどんな感じがしますか。交代してやってみましょう。

④ Aさんが話をするとき、Bさんは絶対に視線を合わせないで聞いてみましょう。そのあとで、凝視して聞いてみましょう。最後にぼんやり眉間や鼻先を見ながら聞いてみましょう。それぞれどんな感じがしますか。交代してやってみましょう。

⑤ Aさんが話をするとき、話の句読点にあたるところで、Bさんは首を横に振ってみましょう。そのあとで、自然に縦に首を振ってうなずきをしましょう。それぞれどんな感じがしますか。交代してやってみましょう。

学びのポイント

ユミリ　　：相手の人が話しやすいような態度、雰囲気が大事なんですね。
スギ先生：そうですね。今回の学びのポイントは、

> ① しっかり集中して話を聴く、批判や否定、はげましをしない「傾聴」が、相談者のこころの整理を促す。
> ② コミュニケーションの93％を占める非言語的コミュニケーションを意識して、信頼される態度をつくる。

ユミリ　　：今日もこれからバイトだけど、表情や姿勢を気にしながらお客さんに接してみようかな。
スギ先生：そうそう、そうやって、日頃から意識して練習することが大事。話の聴き方は、自転車に乗ったり泳いだりするのと同じで、練習でうまくなるからね。
ユミリ　　：そしたら保育者になるころには、教育相談できるかも。
スギ先生：まずは、授業態度から実践してみましょう。これからは、「しっかり話を聞いている」態度を示して授業を受けてくれるかと思うと、楽しみ♪
ユミリ　　：心がけます…。

学びの
メモ

第5章 相談にのるための技法①

学習日： 　年　　月　　日

番号 _____
名前 _____

① 「傾聴」についてまとめましょう。

② 非言語的コミュニケーションの重要性についてまとめましょう。

③ 非言語的コミュニケーションの種類と、望ましい態度についてまとめましょう。

勉強する意味

突然ですが、問題です。

> 昔、あるところに、貧しい農夫がいた。凶作の年、地主への年貢を納められずに困っていた。地主が年貢を取り立てに来たとき、農夫は娘と河原に立っていた。地主は美しい娘を見て言った。「年貢の代わりに娘をよこせ」
> あわてふためいた農夫は泣いて許しを乞う。地主は次の提案をした。
> 「では、わしが河原の小石を両手に一つずつ拾う。片方の手には白い石、もう片方には黒い石だ。娘に好きな方の手から小石をとらせて、もし白い石ならば、娘も年貢も免除してやろう」
> 地主は小石を拾ったが、注意深い娘は見逃さなかった。地主は右手にも左手にも黒い小石をこっそり握ったのだった。

さあ、絶体絶命のピンチ、あなたが娘ならどうする⁉

答えです。

> 娘は次のような行動をとった。つとめて平静を装い、地主が前に出した拳のうち、片方から小石をさっとつかみとり、すばやく河原にわざと落とした。その小石は、河原の無数の小石の中にまぎれてしまった。あっけにとられる地主に向かって、娘は言った。
> 「あら、私ったら、手が滑ってしまって…。でも大丈夫ですわ。地主様のもう片方の手に残った小石を見せていただければ、私がさっき落とした小石の色がわかりますわね」
> 地主はあきらめて帰って行った。

三宮真智子『心理学ジュニアライブラリ04巻 考える心のしくみ―カナリア学園の物語』p.18-20
北大路書房 2002年より要約

娘さんはとっさの思考力で危機を乗り切りました。勉強とは本来、点数や単位のためではなく、いろいろな学問の物の見方、考え方を学び、思考力を育てて、自分を助けるためだと思うのです。

第6章 相談にのるための技法②

ユミリさんと先生のお話

ユミリ：友達のスズから彼氏と別れようかどうしようかって相談されたから、「別れなよ」って言ったら、「うーん、でもさー」って、グジュグジュ言ってるの。何て言えばよかったんだろ。

スギ先生：スズさんは、ユミリさんに何を望んでいたと思いますか？

ユミリ：えー？ 別れたほうがいいかどうか意見を聞きたいんじゃないの？

スギ先生：それもあるけれど、今の気持ちをああでもない、こうでもないって話しながら、気持ちをわかってもらったり、迷っている点を整理してもらったりしたかったのではないかな。一人で考えていると、ぐるぐる同じところを回ってこんがらがってしまうことってあるでしょう。

ユミリ：相談にのるって難しいねえ。

スギ先生：今日は、具体的に相談にのるときに役立つ言語的な技法について学びましょう。

ユミリ：待ってました！

　友達の相談にのる場合には、ユミリさんのように「意見を求められて、自分の考えを言う」ことを求められることが多いかもしれませんね。専門職として相談にのるときは、相手が何を聞いてほしいのか、何を求めているかを聞き手が理解しながら、本人が気持ちを整理できるように聞く必要があります。そのために聞き手が身につけておきたいいろいろなテクニック、技法があります。

この章では

①言語による応答の基本
②好ましくない応答の仕方

について学びます。

考えてみよう

1．M先生は、保護者から相談を受けました。保護者が「私がきちんと子育てできないから、うちの子がそんなふうなのかなって…」と落ち込んだ様子だったので、M先生は「そんなことないですよ、きちんと子育てされていますよ。気にし過ぎですから、がんばってください」とはげましました。しかし、保護者は暗い表情で「でも…」と言ったまま、話を終わりにしてしまいました。M先生の応答の問題点はどこでしょうか。

_____

_____

_____

> **ヒント**
> M先生の言葉によって、保護者にはどんな気持ちが起きたでしょうか。

_____

_____

_____

2．お迎えのときにNちゃんのお母さんから、「先生、聞いてくださいよ。OちゃんがうちのNを突き飛ばしてブランコに乗ろうとしたから、Oちゃんのお母さんに伝えたんですよ。そしたら『うちのOが悪いんですか？　Nちゃんは悪くないんですか？』って冷たく言われて。理由はどうであれ、突き飛ばしたっていうだけで私なら謝るわ。ねえ先生、どう思います？」と話があった。あなたが保育者なら、どんなふうに言葉を返しますか。

_____

_____

_____

> **ヒント**
> Nちゃんのお母さんは、何を一番わかってもらいたいと思っているのでしょうか。

_____

_____

_____

ユミリとツヨシはこう考えた！

この「がんばってください」が、落ちこんでいるときにはキツイんだよなあ。

相談場面では特に、はげましは注意が必要です。

「先生はどう思います？」って言われたら、私も、「Oちゃんのお母さんはひどいですね、謝ってほしいです」と言ってしまいそう。

NちゃんとOちゃんを担任していて、その言葉がもしOちゃんのお母さんの耳に入ったら、どうなりますか。保護者同士のトラブルの際、片方だけの味方をするのはよくありませんね。

解説

1 言語による応答

　非言語的コミュニケーションを意識した、相談者に信頼される態度で話を聞くことを前提として、言葉による応答を返していきます。
　言語による応答技法には次のようなものがあります。
　（以下、「　」は相談者、〈　〉は聴く人の応答を表す）

① くり返し

　相談者が話した言葉を、そのまま同じ言葉でくり返します。たとえば、「ケンカをしてしまって…」という言葉に〈ケンカ？〉と返すことで、「ええ、ケンカです。私が○○と言って、そしたら相手が△△と言って…」などと、相談者はより詳細に話を続けることができます。そのまま同じ言葉で返すことがポイントで、別の表現にすることは避けます。「紺の服を着ていて…」という言葉に〈ネイビーの服だったのですね〉と返すように、特に名詞を別の表現にされると、話し手は軽く否定をされたような、話をくじかれたような印象をもつからです。

② 感情の反射

　話し手が感情表現をしたときには、その表現をくり返します。「悲しくなるんです」〈悲しくなるんですね〉などです。また、うまく言葉で表現できないけれども話の奥に感情が見えるときは、その感情を言語化して返します。「それを聞いたときに頭がカーッとなってしまって」〈頭にきてしまったんですね。怒りの気持ちがあふれたんですね〉などです。感情を反射してもらうことで、話し手は「わかってもらえた」という気持ちを抱きやすく、話しやすくなります。また、自分の発した言葉を相手から聞くことで、「そうです、そのときの私は怒りの気持ちがわいてきたんです」などと、自分の状態を認識して振り返ることができるようになります。

③ 明確化

　たとえば保護者が何か話をしたそうに様子をうかがいながら保育者に「先生、お忙しいですか？」と聞いてきた場合に、その質問の奥にはどんな意味があるでしょうか。まさか単に保育者の仕事が多忙かどうかが知りたくて聞いているとは

思えません。忙しかったら後でもよいけれど、お時間を取って申し訳ないけれど、というような気持ちを含みながらの発言と考えられます。その場合には〈大丈夫ですよ、何かお話がありますか?〉と、相手の意図を明確にした応答をするとよいです。相手も「ええ、実は…」と話しやすくなるでしょう。

④ 質問

　カウンセリングでは、相談者に多く語ってもらうことが重要と考えます。話の流れを切ってしまう可能性があるため、質問を多くすることもあまり好ましくありません。しかし、話の内容がわからないとき、詳細をもっと知りたいときは質問をしてもかまいません。質問にはYesかNoで答えるようなクローズドクエスチョンと、言葉、文章で答えるようなオープンクエスチョンがあります。クローズドクエスチョンをくり返すと一問一答のインタビューのようになってしまうので、カウンセリングの際はオープンクエスチョンが望ましいです。

⑤ 要約

　話し手は、相手に伝えたい気持ちがあっても、まとまって話ができるとは限りません。時系列が飛ぶことも、話題が飛ぶこともあるでしょう。そのため、30分、40分など、ある程度まとまった時間が過ぎ、いろいろな内容の話が出てきたころに、〈これまでの話は○○についての話でしたね〉と要約するとよいです。区切りを入れることで、本来話をすべきテーマに戻れるということもありますし、これまでの話をまとめて整理することができ、お互いの理解を確認することもできるからです。

技法	説明	例　相談者「」／聴く人〈〉
くり返し	同じ言葉でくり返す	「ケンカをしてしまって」〈ケンカをした?〉
感情の反射	感情を言語化する、感情表現をくり返す	「イライラして」〈イライラするんですね〉
明確化	意味や意図が曖昧なときに言葉で表す	「お時間ありますか?」〈お話があるのですね〉
クローズドクエスチョン	YesかNoで答えるような質問	〈あなたは学生ですか?〉
オープンクエスチョン	言葉、文章で答えるような質問	〈どのように感じたのですか〉
要約	区切りでそれまでの話を整理する	〈これまでは、お家でのAくんについてのお話でしたね〉

（筆者作成）

2 好ましくない応答の仕方

　日常会話では多用されていても、相談場面では好ましくないと考えられている応答もあります。相談者と聴き手の関係性や前後の話の流れによって、必ずしも正解、不正解が決まっているわけではありませんが、一般的に避けたほうがよい応答には次のようなものがあります。

①「なるほど」

　一見、話をよく聴いてくれている感じがしますが、人によっては上から目線で応答されている、他人事だと突き放されているように感じることがあります。

②「わかりますわかります」

　人が人のことをしっかりわかるということは簡単ではありません。特にまだあまり話が進んでいない段階で、「わかります」を多用されると、「この人は何をわかっているのか？」「本当にわかっているのか？」という聴き手に対する不信感につながります。

③「大丈夫です」

　根拠のない「大丈夫」は、「この人は私の不安や苦しみをわかってくれない」という気持ちにつながり、話す気がそがれることにつながります。

④「がんばってください」

　相談にくる人は、それまでいろいろがんばってきて、それでもどうにもならずに困っている人です。落ち込んでいるとき、精神的につらいときに「がんばって」とはげますことは、より追いつめてしまうことになるので注意が必要です。相談場面では安易なはげましはしません。相談者が、気持ちを聞いてもらうことで悩みが整理されて、自分から「がんばれそうです」と言えるようにするのです。

⑤「悩んでいるのは他の人も一緒ですよ」

　たとえば、相談者から「こんな悩みは私だけですよね？」と確認された場合に、「以前にもそういう保護者の方がいらっしゃいましたよ」と答えることは、「私だけがこんな悩みをもっていたら恥ずかしい」という保護者の不安を払拭できるため有効でしょう。そうでない場合に、他の人のことを引き合いに出すことは好ましくありません。相談者にしてみると、自分の悩みを他の人と同じように扱われた、よくある話で片づけられた、軽んじられたという気持ちになるからです。

「保護者への応答を体験してみよう」

1．空欄に保育者の言葉を入れてみましょう。

Nちゃん母：先生、今お忙しいですか。
保育者　　：（明確化）_____

Nちゃん母：OちゃんがうちのNを突き飛ばしてブランコに乗ろうとしたから、Oちゃんのお母さんに伝えたんです。そしたら「うちのOが悪いんですか？　Nちゃんは悪くないんですか？」って冷たく言われて。
保育者　　：（くり返し）_____

Nちゃん母：もう私、イライラしちゃって。理由はどうであれ、突き飛ばしたっていうだけで、私なら謝るわ。
保育者　　：（感情の反射）_____

Nちゃん母：それに、うちのNもOちゃんのせいで泣くんです。
保育者　　：（オープンクエスチョン）_____

2．望ましい応答の仕方を考えてみましょう。

保護者：私がきちんと子育てできないから、うちの子がそんなふうなのかなって…。
保育者：_____
_____
_____
_____

3．書き入れた言葉を使って、ロールプレイをしてみましょう。

学びのポイント

ユミリ　：相談されたら、自分の考えをすぐ答えるんじゃなくて、相手の人が話しやすいように話を進めることが大事なんですね。

スギ先生：そうですね。今回の学びのポイントは、

POINT

① 言語による応答をはさみながら、相談者がたくさん話をできるように進めていく。
② 安易な応答をすることで、話し手が話す気持ちをなくしてしまうことがあるので注意する。

ユミリ　：これから、またスズの話を聞きに行こうかな。今度はうまく相談にのれる気がする。

スギ先生：スズさん、気持ちが整理できて、元気になるといいですね。

ユミリ　：結局は、周りが何を言っても、本人が決めることだからね。

スギ先生：いいこと言いますね、ユミリさん。自分で決めて、やってみて、もしかしたら間違いだったとしても、また考えて、自分で決めてやっていく。周りの人はそのお手伝いができればいいのです。

ユミリ　：じー。

スギ先生：何ですか？　急に私の顔を見つめて。

ユミリ　：先生みたいになれたら、悩みとかなくなって、生きやすいのかなあ。

スギ先生：…人を魔女みたいに言わないでください。私だってたくさん悩んで、たくさん間違えてきたのですから。さあさあ、スズさんのところに行ってあげてください。迷っているとき、困っているとき、誰かが話を聴いてくれる、そばにいてくれるって、とても心強いことですよ。

ユミリ：じゃあね、先生、また報告するね。

学びのメモ

相談にのるための技法②

学習日：　　年　　月　　日

番号 _____

名前 _____

① 言語による応答の技法についてまとめましょう。

② 話す気持ちをなくしてしまうような応答についてまとめましょう。

Iメッセージ

　どんなに相手を思う気持ちがあっても、悪気はなくても、言い方が悪いと相手にその思いが伝わりません。ちょっとしたものの言い方で、誤解を受けてしまったり、相手の気分を害してしまったりすることがあります。

　なかなか自分の表現のクセに気づくのは難しいですが、他の人が話す言い方を見て、「丁寧だな」「こう言えば相手に嫌な思いをさせずに伝えられるんだな」と真似ていくと、語彙が増え表現力が高まるでしょう。

　一つのコツとして、「Iメッセージ」で話す、ということがあります。Iメッセージとは、「私はこう思う」「私にはこう感じられる」というように、「I＝私」を主語にした話し方をいいます。これの反対が、Youメッセージです。一般に、Youメッセージで何かを伝えられると、責められているような、ぶっきらぼうな感じがしてしまうといわれています。

例）
Youメッセージ：「ねえ、（あなた）そんな言い方しないでよ」
　　　⇩
Iメッセージ：「**そんな言い方されると（私は）嫌な気持ちがしちゃう**」

Youメッセージ：「お母さん、遅れるときは（あなたが）連絡してください」
　　　⇩
Iメッセージ：「**お母さん、遅れるときは連絡をいただけると、（私は）安心できて助かります**」

　（　）内は実際には発言されず、補った言葉です。それぞれの印象の違いを感じられるでしょうか。言葉は相手を温かい気持ちにさせる道具にもなりますが、相手を傷つける武器にもなるものです。丁寧に扱うクセをつけるとよいでしょう。

第7章 その他の技法

ユミリさんと先生のお話

ユミリ：ねえねえ先生、カウンセリング技法って他にもあるんですか？
スギ先生：いっぱいいっぱい他にもありますよ。
ユミリ：えー、いっぱいあるんだ。ちょっと興味ある。他のも知りたいです！
スギ先生：ユミリさん、いい姿勢ですねえ。前向き！
ユミリ：いやあ、それほどでも。まあ本来、やればできる子なんですよね、あたし。
スギ先生：今みたいに、ほめられたらどんな気持ちがする？
ユミリ：悪い気はしないですよね。
スギ先生：そういう、行動に焦点を当ててほめたり、よくない行動を減らしたりする心理療法もあるんです。
ユミリ：じゃあ、次はそれをお願いします！

　皆さんもこれまで学校で、よくない行動をしたら叱られたり、よい行動をしたらほめられたりした経験があるでしょう。教育活動において、理由なくなんとなく叱ったりほめたりすることはありません。理論的根拠をおさえておきましょう。

この章では

①行動療法の考え方
②行動療法の技法
③教育現場での生かし方

について学びます。

考えてみよう

1. 朝、なかなか登園できないPくん。最初は、園の門まで来て先生とお話だけしました。1週間続けた後、次のステップは園庭まで入ってきて30分間過ごすことです。ステップを上がるたびに、お母さんはPくんと話し合ってごほうびを決めています。今のごほうびは寝る前に好きな絵本を一緒に読むこと。次のステップに上がるとしたら、どのようなことが考えられるでしょうか。

_____

_____

_____

_____

> **ヒント**
> 次のステップは大きくせずに、少しずつ挑戦できるとよいです。

_____

_____

_____

2. 先生が皆の前で説明をしようとすると、必ずしゃべりだすQくん。先生が「Qくん、お話を聞いてね」と声かけをすると、皆がQくんを見て笑います。注目されているのがわかるとQくんはうれしそうに笑い、ますます大きな声でしゃべりだします。どのようなかかわりが考えられますか。

_____

_____

_____

_____

> **ヒント**
> Qくんにとって、うれしいことは何でしょう。そのことがどんな行動を引き出しているでしょうか。

_____

_____

_____

ユミリとツヨシはこう考えた！

Pくんの場合、クラスで30分過ごしてみるとか。あとは、園庭で過ごす時間を1時間に延ばしてみるとか。

そうですね。大切なのは大人が焦って大きなステップを設定しないこと、ほめることですね。

Qくんの場合は…もっと注意する！ しゃべったら先生怖いよって。

Qくんは注意されてもそれを嫌だと思っていないようですよ。むしろ注目されたことを喜んでいます。

じゃあ、注目しないようにする。でも、たぶん声かけをしないとずっとしゃべっていそうだしなー。もっとQくんの他のところに注目する、とか。

解 説

1　行動療法とは

　行動に焦点を当てて、望ましい行動を身につける、あるいは望ましくない行動を減らす、ということを目指すカウンセリング理論の一つです。行動療法が対象とする「行動」とは、目に見えるもの、数えられるものを指します。たとえば、「優しい」は性格を表す言葉ですが、「泣いている友達の頭をなでる」となると、「なでる」行動は目に見えますし、1回なでる、2回なでると数えることができます。望ましい行動を身につけるというのは、たとえばそれまでできなかった挨拶の仕方や謝り方を教えてできるようにすることなどが当てはまります。望ましくない行動を減らすというのは、嫌なことがあったときにすぐ泣いたり誰かを叩いたりするのであれば、その望ましくない行動を減らし、言葉で嫌なことを伝えられるようにすることなどが当てはまります。

　行動療法は元々、条件づけ理論を理論的背景としています。条件づけには2種類ありますが、ここではB. F. スキナー（1904～1990）が体系化した「オペラント条件づけ」の理論を扱います。

　空腹のネズミを実験箱に入れました。実験箱は、レバーを押したときだけエサ皿にエサが出てくるような装置になっています。ネズミは飛び跳ねたり壁を引っかいたり動き回ったりしているうち、たまたまレバーを押したところ、エサを手に入れることができました。何度かくり返していくうちに、ネズミはレバーを押すとエサが手に入ることを学習して、何度もレバーを押す行動をするようになります。このことから、ある行動を身につけさせる、あるいは増やす（＝強化する）ためには、その行動に報酬（＝ここではエサ）を与えるとその行動の出現率が上がる、という理論が導き出され、それをオペラント条件づけと名づけました。

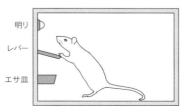

（実験箱を筆者により簡略化して図示）

教育場面で行われる報酬とは、ほめたり、微笑を送ったり、肯定的な注目を与えたりすることです。子どもにその行動を身につけてほしい、もっと増やしてほしいという場合に、その行動に対し報酬を与えることで、その行動が強化され定着します。気をつけなくてはいけないことは、その子にとって何が報酬になっているのかを見極めることです。たとえば、しゃべると皆から注目されるという行動がくり返されている場合に、しゃべるたびに注目という報酬を与えていたらしゃべる行動が強化されることになってしまいます。強化したい行動は「静かに話を聞く」ことのはずです。この場合、行動療法の観点では「静かに話を聞けたときにほめる」「しゃべる行動はスルーして、他のよい行動で注目される機会をつくる」などのかかわりが考えられます。

（筆者作成）

2　行動療法の主な技法

①トークンエコノミー

　オペラント条件づけに基づき、よい行動ができたら報酬を与えて、その行動を定着させていく方法。子どもの場合、シールやスタンプを集めて、一定の量が集まったらごほうびをもらえるというポイント制が有効です。

例）夜寝る前にすることの約束

	月	火	水	木	金	合計
遊具の片づけ	♥		♥	♥		3
お風呂に入る	☆	☆		☆	☆	4
歯磨きをする		◆	◆	◆		3
おやすみの挨拶	●	●	●	●	●	5
合計	3	3	3	4	2	15

（筆者作成）

② ソーシャルスキルトレーニング

　主に発達障害の子どもで、人とのかかわりが苦手だったり、日常生活の中で適切な行動を学びとることが難しかったりする子に用いられます。対人関係を形成、維持するのに必要な行動を、練習によって身につけることです。たとえば、人との挨拶の仕方や謝り方、失礼なことを言わないようにするとか、話をするときは自分の話ばかりするのではなく順番に話をする、というようなことを、ロールプレイやワークシートを使って練習します。

③ 教育現場での生かし方

　望ましい行動が見られたときにしっかりとほめる、については異論はないでしょう。問題は望ましくない行動が見られた場合です。いくつか選択肢があり、どれが正解かはその子どもの状態、できごとや行動の内容によっても違います。

① 注意する、叱る

　即効性が見られるため多用されがちですが、留意点があります。恐怖を感じるほどの叱りは子どものこころに悪影響を及ぼしかねません。また、そのときだけはその行動をやめても、時間とともにまたその行動をすることが考えられます。スキナーの実験でも、ネズミに電気ショックによる罰を与えても、時間が経つと同じ行動をすることがわかっています。怖い先生の前ではその行動をしなくても、他の先生の前ではその行動をまたするかもしれません。本当にその行動をなくしたいのであれば、叱る以外のかかわりも併せて必要になってきます。

② スルーする

　望ましくない行動をスルーして、望ましい行動が見られたらすかさずほめる、という方法です。子ども自身、その行動がよくないとわかっているのに、大人の気をひくためにわざとやっている、というようなときに有効です。

③ 望ましい行動を伝える

　子どもの場合、望ましい行動が身についていないために、望ましくない行動で表現してしまっていることがあります。子どもの気持ちを汲んだ上で、望ましい行動を伝える必要があります。「嫌だったから泣いているんだね。嫌だったことをお口で言えるといいね。先生を呼びに来てもいいんだよ」などです。

「認知行動療法に触れてみよう」

　認知とは、物事のとらえ方、意味づけの仕方を表します。たとえば、コップに水が半分入っている場合、客観的な事実としては「コップに水が○ml入っている」ですが、それを「もう半分も飲んでしまった」ととらえるか、「まだ半分も残っている」ととらえるかが「認知」です。認知療法は認知に焦点を当てて、物事のとらえ方を変えることで悩みを解消しようとするカウンセリング理論です。行動療法とセットで「認知行動療法」とされ、アメリカでカウンセリングといえば認知行動療法が主流となっています。

　認知行動療法では、感情を生み出すのは出来事ではなく認知（＝信念、思考、思い込み）であると考えています。

（筆者作成）

　たとえば、
A：試験に不合格だった　⇒　B：もう自分はだめだ　⇒　C：むなしい
というマイナスの感情も、認知の仕方によっては
A：試験に不合格だった　⇒　B：勉強方法が悪かった　⇒　C：次こそはがんばろう
と、やる気につながるかもしれません。

　不合理な思い込みを打ち消すには、「こうあるべき」「こうでなければならない」を「こうであるにこしたことはない」などに書き換えることが有効とされています。

例）「私は担任するクラスの子ども全員から好かれなければならない」
　　　　　　　↳　「好かれるにこしたことはない」

学びのポイント

ユミリ ：行動療法ってわかりやすい。

スギ先生：そうですね、教育現場ではなじみやすいかもしれません。

POINT

① 行動に焦点を当てて、望ましい行動に報酬を与えてその行動を定着させる技法を行動療法という。

② 発達障害の子どもが人とのかかわり方を練習することをソーシャルスキルトレーニングという。

③ 望ましくない行動が見られた場合には、叱るだけでなくスルーしたり望ましい行動を教えたりするかかわりが必要である。

ユミリ ：保護者にもアドバイスできそう。

スギ先生：専門家としての保育者と、単に子ども好きの一般人との違いは何だと思いますか？

ユミリ ：ん～、資格免許をもっているとか、ちゃんと勉強しているとか？

スギ先生：そうですね。何を勉強した結果として資格免許が取れているかというと、きちんと理論、学問としての根拠を勉強しているということですね。何となく自分はこう思う、とか、感覚的にそう思った、というような曖昧で主観的なものではなく、きちんと学問として理論にまとめられている、つまり根拠が説明できるものを学んで、子どもにかかわっているということが大きいのです。だから、ユミリさんにも「学校の勉強は嫌い、子どもにかかわるのだけが好き」と言わないで、今のうちにしっかり勉強してほしいです。

ユミリ ：わかりました。…でもときどきは、「勉強嫌い」って言わせてくださーい。課題が集中すると大変なんです（泣）。

第7章
その他の技法

学びの
メモ

第7章 その他の技法

学習日：　　　　　年　　　月　　　日

番号	
名前	

① 行動療法についてまとめましょう。

② ソーシャルスキルトレーニングについてまとめましょう。

認知の歪み

　認知療法では、認知の歪み（＝非適応的で不合理な思い込み）が、ストレスや不安、落ち込みを引き起こすと考えられています。代表的な認知の歪みには、次のようなものがあります。自分はどの傾向があるか、振り返っておきましょう。

①**全か無かの思考**…0点か100点かの両極端で判断する極端な完璧主義
　例）一つ失敗したらすべて失敗したことと同じと感じる
②**過度の一般化**…ごくわずかな事実を適用して「必ず」「すべて」と思いこむ
　例）一度意見を却下されると、「必ず」自分は拒絶されると思いこむ
③**選択的抽出**…考えにあった情報のみ採用する
　例）父は自分を嫌いだと思い、該当するエピソードばかり覚えている
④**誇大視と縮小視**…自分の欠点は大きく、他人の欠点は小さく考える。または、他人の長所は大きく、自分の長所は小さく考える
　例）他人のミスは気にしないが、自分のミスは致命的と考える
⑤**自己関係づけ**…何でも自分に関連づけ、自分のせいにする
　例）あの人の機嫌が悪いのは、きっと私が何かしたからだ
⑥**べき思考**…「～あるべき」「～しなければならない」と強く考える
　例）人には礼儀正しくするべきで、まともな人ならそうするべきだ

第8章 園内の教育相談体制

ユミリさんと先生のお話

ユミリ　　：勉強してくると、だんだん不安になる。一人で担任できるかなって。
スギ先生　：一人で何もかもやろうと気負わなくていいんですよ。
ユミリ　　：でも、担任だったらクラスのこと、しっかりやらなきゃって思うし。
スギ先生　：その心構えは大事ですが、今は、担任だけでなく教職員全体で支援が必要な子にかかわっていく、という流れがあるんですよ。
ユミリ　　：そうなんだ。
スギ先生　：では、今日は園内の教育相談体制について考えてみましょう。
ユミリ　　：はい！

　新人でも経験が少なくても、クラスの子どもや保護者からは「担任の先生」です。担任の先生になることにあこがれもある半面、不安もあるでしょう。でも大丈夫です。近年では、園において担任の先生と一緒に考えていく支援体制ができてきています。

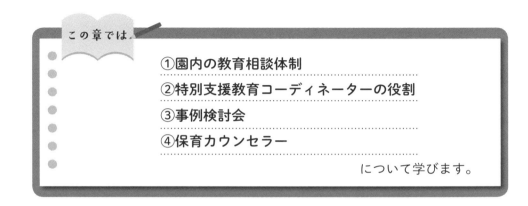

この章では
①園内の教育相談体制
②特別支援教育コーディネーターの役割
③事例検討会
④保育カウンセラー
について学びます。

＼ 考えてみよう ／

　年長児のRくんは、身体が大きくて、外で友達と遊ぶことが大好き。はしゃぎ過ぎてやり過ぎてしまったり、鬼ごっこで鬼になると「もうやめる」と怒ったり、思い通りにならないときや自分の思いを相手に受け止めてもらえないときに暴言を吐いたり叩いたりするので、友達から怖がられてしまうときもある。室内での活動では、集中できず動き回ることが多く、特に細かい作業や片づけを嫌がる。担任のことは好きで、くっついてきたり、自慢話を聞かせようとしたりして独り占めをしようとする。

　Rくんの家庭はシングルマザーで、近くに住むおばあちゃん（母の実母）がRくんの世話をしていることが多い。おばあちゃんはRくんのことは文句を言いながらも面倒を見ているが、母との仲はよくなく、母の悪口をRくんに言うこともある。

１．Rくんの心理や家庭の状況について想像し、どんなことをもっと知りたいか考えてみましょう。

_____

_____

_____

_____

_____

> **ヒント**
> Rくんについて知りたいことをいろいろと挙げてみましょう。

２．自分が担任だったら、何ができるかを考えてみましょう。

_____

_____

_____

_____

_____

> **ヒント**
> Rくん本人への支援、家庭に対する支援のうち、担任だけでできること、できないことを整理してみましょう。

ユミリとツヨシはこう考えた！

むずかしいなあ…。Rくんはなぜ友達を叩いてしまうのかとか、トラブルになるときの状況が知りたい。あと、去年までの様子はどうだったのか。

あと、おうちでのRくんの様子が知りたい。どんなふうに過ごしているのか。一人で寂しく過ごしているのかもしれないし。

園での詳しい様子、家での様子、どちらも知りたい情報ですね。他にはありますか。担任だったらどんなことをしてあげたいですか。

Rくんの気持ちをわかって、友達と楽しく遊べるようにしてあげたい。

お母さんやおばあちゃんと話して、Rくんのことを一緒に考えたいけど、担任一人では不安。誰か他の先生にも相談したい。

詳しく考えてみましょう。

解 説

1 園内教育相談体制

　現在、園には、集団行動がとれない、指示を聞くことができない、友達とうまくかかわれないなどの、支援を必要とする子どもたちがいます。そうした「教育的ニーズ」のある子どもが園で困ることがないように、適切なかかわりをすることが求められています。そうした支援、教育相談は担任一人で行うものではありません。すべての教職員が協力して担任をサポートすることが重要です。現在は、「特別支援教育（教育相談）コーディネーター」を中心に、園内で支援体制を整えることが求められています。

2 特別支援教育（教育相談）コーディネーター

　2007年から「特別支援教育」がスタートしました。特別支援教育とは、「障害のある幼児児童生徒の自立や社会参加に向けた主体的な取組を支援するという視点に立ち、幼児児童生徒一人ひとりの教育的ニーズを把握し、その持てる力を高め、生活や学習上の困難を改善又は克服するため、適切な指導及び必要な支援を行うもの」とされています[1]。それに伴い、「特別支援教育コーディネーター」（あるいは地域によっては「教育相談コーディネーター」）が指名されるようになりました。現場では単に「コーディネーター」といわれることが多いです。

　コーディネーターは園務（校務）分掌の一つで、教育相談について経験、知識がある教員の中から選ばれ、各園・学校に1人〜2人程度、設置されています。2017年度の調査によると、公立では、小・中学校、高校ではほぼ100％に近い設置率ですが、幼保連携型認定こども園、幼稚園では公立で90％前後となっており、私立では、すべての学校種で約50％の設置率となっています[2]。

　コーディネーターの役割としては、園内の教育相談や支援の必要な子どもについての情報・状況を把握する、担任と相談しながら支援計画を立てる、担任と共に保護者面接を行うなどがあります。このほか、事例検討会の設定や司会を務めたり、専門機関との調整の窓口になったりすることも挙げられます。

*1　文部科学省「特別支援教育の推進について（通知）」文部科学省ホームページ　2007年
　　http://www.mext.go.jp/b_menu/hakusho/nc/07050101.htm
*2　文部科学省「平成29年度特別支援教育に関する調査の結果について」文部科学省ホームページ　2018年
　　http://www.mext.go.jp/a_menu/shotou/tokubetu/1402845.htm

3 事例検討会

気になる子ども、支援が必要な子どもについて、園全体（または関係教職員）で検討する会議のことで、「ケース会議」ともいわれます。巡回相談員など、専門職が訪問した際に行われることが多いです。

会議では、子どもの状態や家庭環境などの情報を把握し、子どもの行動の背景を探ります。そのためにお互いに情報を出し合って、子どもを取り巻く状況を総合的に把握するようにします。担任のサポートになるように知恵を出し合って、具体的な方策を検討します。犯人探しや担任批判にならないように留意することが必要です。

検討する観点としては、次のようなものが挙げられます。

① **子どもへの支援**…当該の子どもは、どんな気持ちなのか、どんなかかわりが有効か
② **クラスへの支援**…他の子どもに対し、どのようにかかわりをもてばよいか
③ **環境整備**…どのような環境が子どもにとって居心地がよいか、苦手なことを助けるための補助器具をどのように活用できるか
④ **支援体制**…支援員をどの場面でどのようにお願いするか
⑤ **保護者への支援**…今後の話し合いの進め方をどうするか　　など

4 保育カウンセラー

園で活動するカウンセラーを保育カウンセラーといいます。まだどの園にもいつも必ずいるというほど普及しているわけではなく、多くは年に数回程度、園を訪問し相談にあたるという形をとっています。

主な活動内容は下記の通りです。

① **教職員との情報共有**

気になる子についての情報や、園全体の様子、以前相談にのった家庭のその後の状況などを聞きます。

② **保育場面の観察**

気になる子どもとして挙がった子どもの様子や、周囲の子どもの様子、先生のかかわり、保育環境がその子どもにふさわしいかなどの観点から、保育場面を観察します。クラスで観察する場合も、一緒に給食を食べるなど、その子どもにか

かわりながら観察する場合もあります。

③ コンサルテーション

　専門家同士が、それぞれの専門性を生かしつつ協議、検討することを「コンサルテーション」といい、相談者が悩みを話す「カウンセリング」とは区別されます。保育カウンセラーが、観察から気づいた点やその子どもの見立てを保育者に伝え、保育者はそれを参考にして保育活動に生かしていきます。コンサルテーションは、保育カウンセラーと担任だけで行われる場合もありますし、園全体で事例検討会として行われる場合もあります。

④ **保護者の相談を受ける**

　保護者からの希望がある場合には、相談を受けます。場合によっては発達検査を実施することもあります。必要に応じて他機関との連携をとります。

「事例検討会を体験してみよう」

　役割を決めて、事例検討会を疑似体験してみましょう。
　Ｒくんのことで、事例検討会が行われました。それぞれの登場人物のセリフを読んでロールプレイをして、感じたことを話し合ってみましょう。

事例検討会　出席者

副園長
主任（キョウカ先生）：コーディネーター
ユイ先生：リス組（5歳児クラス）担任
ハルカ先生：コアラ組（4歳児クラス）担任
サトミ先生：パンダ組（3歳児クラス）担任
スギ先生：巡回相談員，心理士

主任：これより、事例検討会を始めます。まずは副園長からご挨拶です。
副園長：園長が不在で申し訳ありません。今日は、巡回相談員のスギ先生にアドバイザーとして参加していただきます。よろしくお願いします。
スギ：よろしくお願いします。
主任：では、今日はリス組（5歳児クラス）のＲくんについてですね。担任のユイ先生から簡単に説明をお願いします。
ユイ：よろしくお願いします。資料の通りですが、落ち着きがないことと、友達とうまくかかわれずに乱暴な行動が目立ちます。言ってもなかなか変わらず困っています。
主任：資料にあるのは、お友達と遊びが盛りあがると、相手はもう嫌がっているのにくり返してしまうとか、お友達に借りたいものをいきなり取ってしまう、とかですね。
ユイ：そうです。「相手の気持ちを考えて」と言っているのですが、難しいようです。物をいきなり取るときも力が強いので、とても乱暴に見えます。

副園長：他の先生は、Rくんについて何か気づいたことや気になっているところはありますか？

サトミ：外遊びのときなど、Rくんはボール遊びがしたいと思うとパンダ組（3歳児クラス）の子からもボールを取ろうとしたり、全力で走って向かってきたりするので、正直怖いと思っている子が多いです。ぶつかるとパンダ組の子がケガをしてしまいそうで心配です。

ハルカ：私は去年の担任です。Rくんには個別に声をかける必要がありましたが、園には楽しく通っているし、普段はよく笑う子ですし、こころは優しい子だと思います。

ユイ　：そうですね…。でも乱暴な行動をしてしまうので、周りの子たちには怖いイメージのほうが強くなってきてしまっているようです。

主任　：今日、リス組を観察していただいて、スギ先生はいかがでしたか。

スギ　：はい、Rくんについて感じたことは2つあります。1つは、Rくんは先生の話を一生懸命聞いて、みんなと一緒にやろうという気持ちは強い子なんだなということです。お面の製作をしているときにそう感じました。

ユイ　：新しい活動に取りかかるのは好きなんです。わからなくなるとすぐに飽きて、やめてしまうんですが。

スギ　：ただ、言葉だけの説明では途中でわからなくなってしまっているようでしたね。少しことばの理解が苦手なようです。先生が隣で見本を見せながら説明をされたのがとてもいい助けになったと思います。

ユイ　：見ながらやることはできますが、どうしても仕上がりが雑な感じになってしまいます。

スギ　：指先に不器用さがありますね。一つの活動に集中しきれないのも、細かい作業が苦手で、うまくいかなくて嫌になってしまい、動き回り始めてしまうという理由がある気がしました。

ユイ　：そういえばそうですね。

スギ　：ことばの理解、表出が苦手なことと、気持ちのコントロールが難しいことと、年齢よりも不器用であることが、Rくんが思うようにいかず困っていることかなと思いました。「相手の気持ちを考えて」では具体的にどうしたらいいかわかりませんし、思いを言葉で言えない子はつい手がでてしまう傾向があります。また、楽しいことが好きなRくんが、お友達と一緒に盛りあがりたいのになかなか思うように受け入れてもらえない

もどかしさがあるかもしれませんね。力のコントロールも苦手なので、本人が思うよりも力が強くなり、乱暴に見える可能性もあります。身体を使った遊びをたくさん経験させてあげて、力のコントロールや指先の働きをよくしてあげるといいと思います。あとで参考になる本をご紹介します。

サトミ：3歳児でも、言葉で表現できない子はかんしゃくとか、乱暴な行動とかで表現しますね。代わりに言葉で言ってあげればいいのでしょうか。

ハルカ：本人の気持ち、たとえば「悔しかったんだね」とか「やりたかったんだね」は言葉でこちらが表現してあげていますが、お友達に伝えるときは代わりに言うのではなく、「次、貸してほしいな」って言ってみてごらん、と本人が言えるようにしています。

主任：それは大切なことですね。スギ先生、Rくんについて感じたもう1つのことは何でしょうか。

スギ：Rくんは、ユイ先生、お友達、周りの人と仲よくしたい、甘えたい気持ちがとても強いことです。

ユイ：それはとても感じます。

サトミ：おうちで甘えられていないのかしら。

ハルカ：キョウカ先生（主任）が、よくお母さんとお話ししてくださっていますよね。

主任：お母さんも、お仕事をしながらRくんを育てていて、お忙しいようです。あとは、お母さんの実のお母さんなんですけど、Rくんのおばあちゃんが、お母さんやRくんに厳しいみたいで。すぐお母さんに、しつけがなっていないとか嫌味を言うから、おばあちゃんに家に来てもらって面倒を見てもらっていても、お母さんは気をつかって大変だって、言われていたことがあります。お母さんも、気持ちの上ではRくんをかわいがっていると思いますが、実際には愛情としつけの難しさの板挟みから、Rくんを叱ってしまうこともあるようです。おばあちゃんがなぜお母さんに厳しいかというと、子どもを、つまりRくんを妊娠して、お母さんがどうしても産むって言ったころからららしいんです。Rくんのお父さんは、交際中から、気に入らないことがあるとすぐ手をあげるようなところがあって、おばあちゃんは交際に反対していたそうなので。

スギ：子どもながらにそういう雰囲気は感じとっているでしょう。安心できる

第8章

園内の教育相談体制

環境でしっかり大人に甘える経験が少ないのかもしれません。Rくんが乱暴をするのも、自分が否定されたり拒否されたりするときが多いですよね。思うようにいかなかったり傷ついたりしたとき、想像以上に苦しいのだと思います。

ユイ：何とか、Rくんが受けいれられている雰囲気をつくりたいです。

副園長：まずは、クラスの雰囲気が大切ですよね。Rくんに限らず、誰でも困っていたら助けること、できたことをほめること、安心してこのクラスにいていいこと。私は、ユイ先生は一人ひとりをしっかり見てほめているので、クラスの雰囲気は決してRくんに冷たいものではないと思いますよ。5歳児クラスですし、むしろみんなの力を借りて、一緒にRくんとユイ先生を助けてもらうようにできるのではないでしょうか。

スギ：園では、ユイ先生をはじめ、いろいろな先生にかわいがってもらっていることがRくんに伝わっているから、園には楽しく通えているのだと思います。苦手なところを支援しながら、ほめていってあげてください。ただ、来年は小学校に行くので、もう少しRくんについて情報を集めるために相談機関をご紹介したり、就学相談につなげたりする支援も必要ですね。

主任：検査などをして、Rくんの苦手なことを周囲の大人が把握できるといいですね。

副園長：では、ユイ先生とキョウカ先生からお母さんにお話をしてみてください。言葉の理解が苦手な子へのかかわりは、園内研修で具体的に皆で考えてみましょう。ハルカ先生は以前にそういう子を担任した経験がありますから、資料をまとめてください。町の就学相談担当者には、私から連絡をしておきます。小学校へ行ってRくんが困らないように考えていきましょう。

主任：今日は、短時間ですがRくんについて皆で検討することができました。その結果、Rくんは「困った子」「乱暴な子」から、「困っている子」「苦しんでいる子」なのだと見方が変わりました。ここで出たことを一つずつやってみて、また経過を報告し合いましょう。ありがとうございました。

全員：ありがとうございました。

学びのポイント

ユミリ　：皆で考えると、また違った見方やかかわり方が生まれてくるものですね。

スギ先生：昔から三人寄れば文殊の知恵って言ってね。一人ですべてやろうとしなくていいんです。むしろ、一人でやってはいけないでしょうね。

POINT

> ① 特別支援教育が始まり、教育的ニーズがある子については支援を行うことになっている。
> ② コーディネーターを中心に、教職員全員で担任をサポートして子どもへの支援を考える。
> ③ 事例検討会では、いろいろな視点から子どもへの支援を検討することが望ましい。

ユミリ　：それにしても、巡回相談員としての先生、意見をバシバシ言ってすごいなあ。

スギ先生：わたくし、失敗しないので（キリッ）。…嘘です、私がすごいのではなくて、現場の先生たちがすごいのです。日ごろ、細かい点を観察してくださっていたり、丁寧に保護者と関係を築こうとしてくださっていたり。ただ、当事者は日常の中でずっと問題のただ中にいすぎて、解決の方向性がわからなくなってしまうことがあるのです。外からの視点で、それを整理すると、とりあえずの方向性が見えてくることがあるので、それを担っただけですよ。

ユミリ　：役割分担なんですね。

スギ先生：そうです。協力体制が大切です。次は、さらに外部の人との連携について考えてみましょう。

ユミリ　：わかりました。

学びの
メモ

第8章 園内の教育相談体制

学習日：　　　年　　月　　日

番号　　　　　　　　　　　　　
名前　　　　　　　　　　　　　

① 特別支援教育についてまとめましょう。

② 特別支援教育コーディネーターの役割についてまとめましょう。

③ 事例検討会とはどのように行われるのかについてまとめましょう。

マイノリティへの配慮

　皆さんは、「普通」という言葉を使うとき、「普通こうだよね」「普通はあり得ない」などと、何が「普通」かをはっきりさせることなく、何となく使っていることがほとんどだと思います。しかし、「普通」という言葉の奥には、「普通ではない」状態が想定されていることになります。その基準は誰が決めたのでしょうか。

　家庭のことに限定しても、次のような感覚を持っている人がいるのではないでしょうか。

・普通は、20代～30代くらいで結婚するもの
・普通は、男女で結婚するもの
・普通は、結婚したら子どもを産むもの
・普通は、20代～30代くらいで出産するもの
・普通は、結婚してから子どもを産むもの　　…など

　世の中のマジョリティ（大多数の人たち）の生き方だけが、正しいわけではありません。マイノリティと呼ばれる少数の人たちの中には、他の生き方をしている人もいます。シングルマザー、シングルファーザー、若年母親、高齢出産、同性同士の結婚、養子縁組…皆さんがかかわる子どもも、いろいろな背景をもった家庭で育っているかもしれません。自分の価値観だけで判断していると、知らず知らずのうちに子どもや保護者を無視してしまったり、傷つけてしまったりすることにつながるので、注意が必要です。

第9章 外部機関との連携

ユミリさんと先生のお話

ユミリ ：先生、昨日のニュース見た？ 3歳児が虐待されたっていうニュース。
スギ先生：見ました。
ユミリ ：ああいうの見るとホントムカつく！ なんで子どもにあんなひどいことするんだろう。考えられない。
スギ先生：痛ましい事件でしたね。
ユミリ ：担任している子がもし虐待されていたら…と思うと耐えられない。どうしたらいいんだろう。
スギ先生：確かに、虐待のケースもどこか特別な場所だけで起こる特別なことではないですからね。いつ、どこで起きてもおかしくありません。そういう場合、外部の専門機関と連携する場合の対応についてもきちんと知っておかないといけませんね。
ユミリ ：ぜひぜひ、お願いします。

　残念ながら、子どもが犠牲になる悲しいニュースは後を絶ちません。虐待だけに限らず、健康、障害、就学などに関して、いろいろな機関が子どもや家庭にかかわることが増えていますし、必要とされています。それぞれの機関について知り、園との連携の仕方、あり方について考えてみましょう。

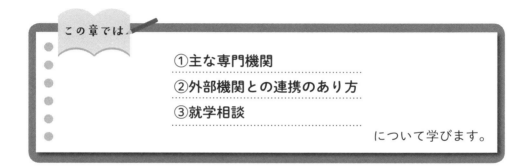

この章では…
①主な専門機関
②外部機関との連携のあり方
③就学相談
について学びます。

考えてみよう

1. Sちゃんのお腹や太ももに痣があったので、保育者が「どうしたの？」と聞くと、Sちゃんが「おじちゃんがぶった」とのこと。おじちゃんとは、お母さんのところに遊びに来る男性を指しているようです。担任がとるべき行動として考えられるものは何でしょうか。

_____

_____

_____

_____

> **ヒント**
> 痣があるということは、虐待を疑わなくてはいけません。

_____

_____

_____

_____

_____

2. 知的能力は年齢相応だが、初めての場所や人に慣れるのに時間がかかる年長児Tちゃん。担任としては、小学校入学に向けてどのようなことができるでしょうか。

_____

_____

_____

_____

> **ヒント**
> Tちゃんが安心して小学校に通えるようになるためには、何ができるでしょうか。

_____

_____

_____

_____

ユミリとツヨシはこう考えた！

Sちゃんは虐待の疑いがあるから…児童相談所に言う！ でも担任がいきなり電話できないから、園長に言う！ お母さんにも事情を聞きたいけど、難しそうだな…。何からやればいいんだろう。

まずは園内で報告ですね。そして児童相談所に通告することも必要です。
お母さんにいきなり「Sちゃんの痣はなぐられたと言っています」と言ってしまうのは危険ですね。

もし本当に虐待だったら、「そうです」なんて認めないで隠すだろうし、Sちゃんにもっとひどいことがされないよう、助けることを一番に考えなくてはいけないからですね。

Tちゃんは、園でやっていた工夫とか配慮を、小学校でもやってもらえたら安心できるね。

そうです、子どもが安全に、安心して過ごせることを最優先に考えてください。

園だけで対応できない場合、複数機関でかかわりが必要な場合は、専門機関と連携して子どもと家庭を支援する体制をとっていきます。たとえば虐待が疑われる場合や、発達で気がかりなことがある場合、保護者の育児不安が高い場合などが考えられます。

1 主な専門機関

　主な専門機関には次のようなものがあります。どのような機関なのかを知っておくことが必要です。また、勤務地の周辺にはどこにどのような専門機関があるのかを把握しておきましょう。

① 児童相談所

　18歳未満の子どもに関する全般的な相談に応じます。近年は特に虐待が疑われる場合の通告先として知られるようになっていますが、それだけではありません。不登校、非行相談、養育相談（施設入所や里親委託を含む）など多岐にわたります。また、療育手帳（18歳未満で知的障害がある場合に取得でき、いろいろなサービスを受けられる）など、発達に関する相談にも応じています。

② 市区町村行政機関

　児童相談所に通告するほどではないけれども不適切養育が疑われる場合の通告先として各市区町村の「子育て支援課」「子育て政策課」（名称は地域によって異なる）があります。また、教育委員会では指導主事による園・学校巡回相談、就学相談を行っています。

③ 保健センター

　乳幼児健診（1歳6か月や3歳など）、健診後のフォローをする親子教室を実施しています。また保健師が家庭訪問をする場合があります。

④ 児童発達支援センター

　障害のある子どもの療育を行う通所支援施設です。並行通園（園に通いながら、週1回はセンターに通うなど）をする子どもがいます。

⑤民生委員・児童委員

自治体から推薦された住民が、同じ地域の住民の生活の見守りや相談を行います。

⑥要保護児童対策地域協議会

児童福祉法に基づき市町村に設置された協議会です。要対協という略称で呼ばれることもあります。虐待や非行などがある要保護児童について、早期発見や適切な保護を図ることを目的としています。児童相談所、警察、教育委員会、学校、保育所・幼稚園、医療機関、保健センターなどの関係機関が、情報共有し支援の役割分担を協議します。

2 連携の留意点

ただ情報を提供して、おまかせするのが連携ではありません。たとえば、発達の気になる子を病院に紹介したら、虐待が心配される親子を児童相談所に通告したら、それで園の役割が終わるわけではありません。連携とは、お互いの機関の役割と機能を理解し、役割分担して協力しながら一緒に取り組むことです。発達検査をしたり、診断をつけたりするのは病院の役割ですが、園では、その結果を受けて、その子どもにあった支援を考える役割があります。児童相談所が親子にかかわり始めても、園では子どもの様子を把握したり、保護者をサポートしたりする役割があります。そして、必要に応じて園での様子や情報を専門機関に提供することで、より確かな支援へと結びつけることができるでしょう。

専門機関それぞれに連携の窓口になる人がいます。機関の中の誰と連携するかも重要です。保健センターの担当保健師や、児童相談所の担当相談員など、誰が連携できるのか、連携する際にはどのように連絡をするのかなども確認しておきましょう。園においては園長の判断のもと、コーディネーターを中心として連携することが多いでしょう。

3 就学相談

学校での生活、学習に支援が必要な子どもについて、子どもの住む市区町村の自治体が保護者から受ける相談です。さまざまな時期に行われますが、一番多いのは小学校入学に際し行われるものです。

以前は、「どこで学ぶことになるか」という相談が中心でしたが、現在は一人ひとりの教育的ニーズに沿った支援を考える相談になっています。市区町村の教

育委員会および就学先（小学校等）との連携が必要になります。

〈主な就学先〉

① **地域の小学校の通常学級**…支援員や介助員がつくことがあります。
② **地域の小学校の特別支援学級**…知的学級、情緒学級などがあります。
③ **学区外の小学校の特別支援学級**…居住地の小学校に特別支援学級がない場合、学区外の小学校にある特別支援学級に入学することがあります。
④ **特別支援学校**…養護学校、盲、ろう学校などがあります。
⑤ **通級指導学級**…通常学級に在籍し、必要に応じて「ことばの教室」や「コミュニケーションの教室」を活用します。

　園では、就学相談に伴って「支援シート」の作成にかかわることがあります。支援シートとは保護者が希望する場合に作成される情報伝達ツールです。これまでの子どもの様子や園でのかかわりで配慮した点などを記入して、就学先へ必要な情報を伝達するために活用されるものです。

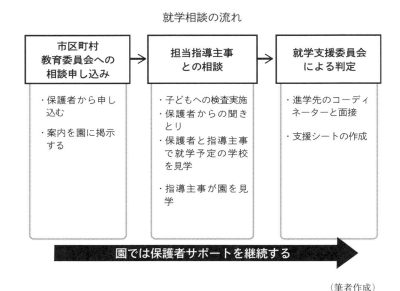

（筆者作成）

例）発達がゆっくりなUくん

　Uくんはいつもにこにこ笑っていて、おだやかな年長児です。1歳半健診のときからことばの理解や表出が遅れていることを指摘されていましたが、Uくんなりにゆっくり伸びてきています。園生活では、Uくんのことをいつも気にかけくれている女の子グループに「Uくん、帽子かぶって」「Uくん、これロッカーに入れるんだよ」と声をかけてもらいながら過ごしています。

　保護者は、小学校ではどのような環境で勉強することがUくんに適しているのかを悩み、就学相談を受けました。検査の結果、全体的に1歳程度の遅れがあること、耳から情報を聞いただけでは忘れてしまう傾向があること、Uくんがモデルにできるような友達の存在がいると助けになることがわかりました。

　保護者は小学校の特別支援学級を見学したり、コーディネーターから話を聞いたりしました。特別支援学級に在籍して通常学級との交流を多くするか、通常学級で支援員をつけてサポートしてもらうかで迷いました。教育委員会の指導主事や、園の担任の先生とも何度も話し合いをしました。その結果、1年生のうちはサポートを受けながら通常学級に在籍し、その様子を受けて、2年生以降の学校生活についてはまた就学相談を受けて考えていく、ということにしました。

　話し合いを受けて小学校では、Uくんについての情報をあらかじめ教職員で共有し、困っていそうなときには声をかけられるように準備をしました。また、教育委員会には支援員配置の要望を伝えました。

第9章

外部機関との連携

「支援シートを読んでみよう」

次の支援シートから、どんな子どもの姿が見えてくるでしょうか。小学校に入ってからどんな支援を受けられるとよいか考えて、話し合ってみましょう。

名前：○山○郎	所属：うめ幼稚園リス組（年長）　⇒　うめ小学校通常学級
	家族：父、母、姉（うめ小学校3年生）
これまでの経緯	1歳半健診でことばの遅れを指摘され、親子教室に通っていた。3歳のときにうめ大学病院にて自閉スペクトラム症の診断を受けた。うめ幼稚園に通いながら、週1回、児童発達支援センターを利用している。年長時に受けた発達検査では、ことばの理解や形の認知、数の操作などは年齢相応だが、ことばでの表現にやや苦手さがあるという結果であった。対人関係では、慣れて落ち着くまでに時間がかかるが、一対一ではよく話して交流を楽しめるようになってきた。
園での様子・取り組み	●初めての集団活動（運動会のダンスなど）ではすぐに参加することができない。そのため2回目までは見学の時間を取り、慣れるようにしている。 ●絵をかいたり、製作をしたりといったことは得意。特に電車の絵を丁寧にかくことを好む。 ●曖昧な質問をすると答えに悩むときがあるので、「どんな気持ち？」ではなく「うれしかった？　嫌だった？」と具体的に聞くようにしている。 ●友達と遊ぶより一人で本を読むことが多い。その時間を保障しつつ、外遊びには大人が一緒に入ってかかわりを促している。
家庭での様子・取り組み	●予定がわかっていると安心するので、前もって写真などで予定を伝えるようにしている。 ●がんばって園に通ったら、ごほうびとして好きな電車に乗れる、という約束をしている。 ●偏食が多いので、料理法を工夫して少しずつ挑戦させている。

学びのポイント

ユミリ　：教育相談って話を聴くだけじゃないんだ…話が大きくなってきた。
スギ先生：そうですね。次の支援につなげることも含まれます。

POINT

> ① 主な専門機関の役割を把握しておく必要がある。
> ② 連携する際には、窓口やそれぞれの機関の役割を明確にし、必要な情報を共有しながら支援にあたる。
> ③ 特に年長クラスでは、就学相談を勧める可能性がある。就学相談の流れを知っておき、保護者支援や支援シートの作成にかかわる。

ユミリ　：でも、ある意味、一人ではなくて、たくさんの専門家が味方でいるってことだから、心強いかも。
スギ先生：そうです。いろいろな人がいろいろな立場で、そして皆で子どもや家庭を支えていくのです。
ユミリ　：いろいろな立場の人と、きちんと話ができないといけないってこと？
スギ先生：そうです。必要なことを必要なだけ、きちんと伝える力が必要です。そして、お互いに敬意をもって立場を尊重すること、それを態度で示せることが必要です。
ユミリ　：わたくし、言葉づかいから直してみようと思っていますの。
スギ先生：…不自然すぎてかえって気になりますが。ユミリさん、だんだん言葉づかいがよくなってきているではないですか。最初のころは「やだー」とか「できなーい」とかばかりでしたが、最近はときどき、敬語も入りますし。気がついてましたか？
ユミリ　：いろいろと勉強して、普段から心がけないと、急に「先生」にはなれないかなっていう気がしてきたんだ…じゃなくて気がしてきました。
スギ先生：すばらしい心がけ。いよいよ教育相談の勉強も最終段階ですよ。

第9章

外部機関との連携

97

学びの
メモ

 # 外部機関との連携

学習日：　　　年　　月　　日

番号 _____

名前 _____

① あなたの住んでいる地域の専門機関にはどのようなものがあるか、どのような特色のある機関なのかをまとめましょう。

_____
_____
_____
_____
_____
_____

② 連携をする際の留意点をまとめましょう。

_____
_____
_____
_____
_____
_____

③ 就学相談についてまとめましょう。

_____
_____
_____
_____
_____
_____

幼小連携

　幼小連携とは、幼稚園と小学校との連携のことです。幼稚園教育要領でも、幼小連携の重要性が強調されています。小学校での集団生活や授業に適応できない子どもが見られること、いわゆる小1プロブレムを減らすために、いろいろな取り組みがなされています。

　たとえば、小学校入学に際し、学区の幼稚園から子どもの様子などの情報を小学校に伝達する機会が設けられています。幼稚園から、どのような特性がある子どもか（例：集団行動が苦手）、どういうことがあったのか（例：お遊戯会の練習中に、クラスから出てトイレにこもってしまった）、どういう対応を工夫してきたか（例：事前にビデオで動きを伝えるとクラスにいることができた）、などを伝えます。小学校は、事前の情報を生かし、その子が困らないように声かけをしたり、環境を整えたりする準備をします。

　その他、年長児が小学校を訪問し、活動を見学したり、小学校の教員が幼稚園を見学して子どもの様子を見たりすることも行われています。地域によっては、中学校区（たとえば中学校1校、小学校3校、幼稚園2園）で定期的に情報交換を行っていることもあります。そうすることで、学校側は小さいころからの子どもの様子などを把握することができ、幼稚園側は子どもが成長したあとの姿を知ることができ、どのような情報を共有していくのが有効なのかをお互いに知ることができるからです。

　幼稚園が小学校に知っておいてほしいことと、小学校が知りたい情報が必ずしも一致しているとは限りません。また、子どもが成長とともに変化していくのは自然なことです。「園が教えてくれなかった」「小学校に入ってあの子が変わってしまった」などとお互いを責めても始まりません。大切なのは、保育者と小学校の教員が顔と顔を合わせ、子どものために一貫した支援ができるようにしていくことです。そのためにも保育者は、6歳までの子どもの姿だけでなく、6歳以降の発達についても知っておくことが望ましいでしょう。

第10章 保育者のメンタルヘルス

ユミリさんと先生のお話

ユミリ　　：先生、ちょっとヘコんでるんです、私。
スギ先生：どうしたんですか。元気がない顔をして、珍しいですね。
ユミリ　　：なんか、子どもにかかわる仕事、向いていないかもって思っちゃって。今までは、なんとなく自信があったんですけど、いろいろ勉強してくると難しさが見えてくるっていうか…。先生っていう仕事は大変なんだなって思って。
スギ先生：そうですね。先生と呼ばれるお仕事は大変です。とても大変。
ユミリ　　：否定なし、はげましなし!?　やっぱり、そうですよね。無理かも…。
スギ先生：実際、辞める人も多いですからね。大変なことは大変です。でも、ユミリさんの今の悩みは成長の証、園で働く姿が見えてきたからこその不安であって、当然の不安だと思いますよ。保育者になることを夢物語で描くのではなくて、実際にどんな点が大変か、自分はどのようにその大変さに対応すればいいのかが現実的にわかっていたら、準備したり対処したりできるのではないでしょうか。

　働くということは、やりがいや楽しさもありますが、当然、大変なこともあります。それはたぶん、保育者という仕事に限らず、働く上ではつきものでしょう。ストレスの観点から自分のこころがどのようなときにどんなふうに大変さを感じるのかを整理して、対処できるこころを育てましょう。保育者自身が安定していることは、相談にのる際にも望ましい状態といえます（第4章　p.36参照）。

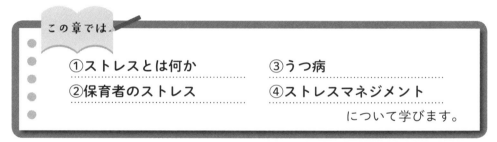

この章では

①ストレスとは何か　　　③うつ病
②保育者のストレス　　　④ストレスマネジメント

について学びます。

考えてみよう

1. あなたがストレスを感じやすい場面、状況、環境は何でしょうか?

ヒント

これまでどんなときに、こころや身体がしんどくなった経験がありますか。

2. どのようなストレス解消法をもっていますか? 思いつく限り書いてみましょう。

ヒント

こころや身体のしんどさを取るために、何が有効だったか振り返ってみましょう。

ユミリとツヨシはこう考えた！

自分は、時間に追われて忙しくなることが苦手で、ストレスの解消法はギターを好きなだけ弾くこと。

あとは私と会うことでしょ!?
私はね、雑誌を見て、今度これを買いに行こうかな〜って考えているときが幸せ。あとはやっぱり食べることと寝ること！でしょ！
ストレスを感じるのは、嫌いな人に会うときとか嫌なことをしなくちゃいけないときかな。

人によって違いますから、自分のことをわかっておくことが大事ですね。

1 ストレスとは何か

　ストレスという言葉を聞いたことがあるでしょう。一般的にはこころにかかる負荷というような意味合いで使われています。ストレスというものはないほうがよいもの、悪いものと考えられがちですが、実は悪いだけのものではありません。

　身体に置き換えて考えてみましょう。筋肉に負荷がかかると、筋を痛めたり筋肉痛になったりするリスクがあります。しかし、それを恐れて負荷をかけない生活をしていると、筋肉量は増えません。適度な運動をすることで筋肉量が増え、健康な身体がつくられていきます。こころを育てる、こころを鍛える際にも、適度な負荷を経験し、それを克服していくことが必要です。ストレスはこころを育てることに役立つ部分もあるのです。しかも、生きていく上でストレスが全くない状態というのはありえません。

　しかし、こころも負荷が強すぎては壊れてしまいます。大切なことは、自分のこころの状態をよく把握し、負荷が強すぎてこころが悲鳴をあげる前に、負荷を軽減させる方法を取り、こころを守ることです。

　ストレスについて考えるときは、次の3つの観点で考えます。

① ストレッサー

　ストレスのもととなるものです。あなたは何をストレスに感じやすいタイプでしょうか。暑さや寒さ、騒音といった外的な要因もあります。初めての場所に行くことや人前で話すこと、決断を迫られることや時間に追われること、がまんすることが苦手な人もいるでしょう。どこか身体の具合が悪いところがあるととても気になる、友達関係がうまくいかないとすぐ落ち込む、というような人もいるでしょう。

② ストレス反応

　ストレスを感じたとき、どのような反応が出るかも人によって違います。こころと身体はつながっているので、身体に反応が出やすい人もいます。またこころが落ち着かない状態になる人もいますし、行動に変化が出る人もいます。

身体	頭痛、腹痛、下痢、肩こり、発熱、食欲不振、じんましん…
こころ	ソワソワする、イライラする、無気力になる…
行動	食べる、買い物したくなる、遅刻が増える、酒量が増える…

③コーピング

　ストレス対処法のことです。あなたはどのようにストレスを解消しているでしょうか。自分に合ったストレス解消法を複数もっていることが望ましいです。

　たとえば、中野敬子による日本語版WCCL（コーピング法のチェックリスト）は、次の6つのコーピング法から構成されています

コーピング法	内容
問題解決	問題状況を解決のために分析し、状況を変化させるための行動を実行する
積極的認知対処	事態の明るい面や自己の成長に役立つ側面を見つけ、考え方を変えることにより問題解決のために心を落ち着ける
ソーシャルサポート	人からの情報提供を求める努力をする
自責	自分に非があると考える
希望的観測	非現実的なことを望む
回避	問題状況を直視せずに逃げてしまう思考や行動をする

中野敬子『ストレス・マネジメント入門―自己診断と対処法を学ぶ』p.47　金剛出版　2016年
本文より引用して作表

2 保育者に多いストレス

　特に保育者が感じることが多いストレスは、次のようなものがあります。

①**労働・待遇に関するもの**…事務作業が多い、責任が多い割に報酬は不十分であるなど、働く上での労働環境にまつわるストレスです。

②**子ども・保護者への対応**…発達障害の行動特性がある子どもへの対応がわからなくて困る、保護者が保育者に批判的であるなど、子どもや保護者への対応にまつわるストレスです。

③**職場での人間関係**…同僚同士で、失敗が許されないような、気軽に相談できないような雰囲気の人間関係だったり、園長の意見だけが通って職員の意見

が反映されにくく、管理職と職員の間に険悪な空気があったりと、働く上で支え合いながら気持ちよく働ける関係が築かれていないことにまつわるストレスです。

④ **知識と現場のギャップ**…特に初任者の場合、知識や技能に対する不安があっても、なかなか相談、研修する時間を取ることができず、不安を抱えたまま働かなくてはならないなど、自己効力感（自分ならできるという認識）を感じる機会のなさからくるストレスです。

③ うつ病

こころが負荷に耐えられなくなると、いろいろなストレス反応がでます。対処されないままでいると、抑うつ状態、やがてはうつ病を引き起こしてしまうこともあります。うつ病はなまけや気のゆるみと思われがちですが、限界を超えてしまった故の身体の病気であり、適切な治療が必要です。

うつ病の主な症状は、寝つきが悪い、早朝覚醒、寝過ぎといった睡眠障害、食欲がない、味を感じないといった食に関する変化、重しがのしかかるようなだるさ、興味関心や知的活動の減退、憂うつな気分や、自分を責める気持ち、死にたいと考えたり死のうとすることなどです。

服薬と休養が主な治療になります。まずしっかりと休養をし、回復傾向にあっても無理をしないことが重要です。カウンセリングを受けて、自分の物の考え方のクセを知り、再発防止を心がけることも必要でしょう。

④ ストレスマネジメント

社会人は、自分のストレスを自分で把握、対処できることが望ましいです。それをストレスマネジメントといいます。ストレスの対処法は人によって、また状況や内容によっても違います。一人で対処できるときは、好きな活動に没頭したり、身体を動かしたりして、仕事から離れて気分転換ができるとよいです。一人ではつい考え込んでしまう場合には、身近な人、家族や友人や職場の同僚、先輩に相談して、気持ちをわかってもらうこともよいでしょう。身近な人にはかえって話しにくい場合は、カウンセラーなどに相談することも大切です。つらいときには泣いたり、弱音を吐いたりしてもよいのです。休むことや弱い自分になることに罪悪感を感じるよりも、そんな自分を素直に認めてあげて、ケアして回復することのほうが重要なのです。

「ストレス状態をチェックしてみよう」

ストレスチェックA

最近1ヶ月以内にあったことを思い出して、以下の項目に答えましょう。
「いつも」感じていたら3点、「しばしば」感じていたら2点、「たまに」感じていたら1点、「まったく」感じていなかったら0点です。

①新しいことや、難しい問題を避けた。	3	2	1	0
②不安や寂しさを感じた。	3	2	1	0
③落ち込みやあきらめを感じた。	3	2	1	0
④悩みごとが、頭から離れなかった。	3	2	1	0
⑤周りの人についていけないと感じた。	3	2	1	0
⑥じっとしていることができず、よく動き回った。	3	2	1	0
⑦周りの人の行動や、やっていることをじれったく感じた。				
	3	2	1	0
⑧電車に乗るときや、自転車に乗っているとき、追い越されて腹が立った。				
	3	2	1	0
⑨いくら言ってもわからない人たちが多いと思った。	3	2	1	0
⑩待たされて、いらいらした。	3	2	1	0

合計（　　　　）点

合計8点以下：ストレスレベルは平均／9～12点：やや注意／13点以上：かなり要注意

【解説】①～⑤の得点が高い人は、感情面に逃避的サインがあらわれやすいタイプ。物ごとに悲観的になり、問題を一人で抱え込みやすいので、周りの人に話してみるのも一つの方法です。⑥～⑩の得点が高い人は、感情面で攻撃的なサインがあらわれやすいタイプ。問題を周りの状況や他の人のせいだと思いがちです。リラックスしたり、怒りのエネルギーを昇華させることも一つの方法です。

ストレスチェックBに続く→

ストレスチェックB

最近1ヶ月以内にあったことを思い出して、以下の項目に答えましょう。
「いつも」あったら3点、「しばしば」あったら2点、「たまに」あったら1点、「なかった」ら0点です。

①心臓の動悸	3 2 1 0	⑨頭痛	3 2 1 0
②息苦しさ	3 2 1 0	⑩手足のしびれ	3 2 1 0
③めまい	3 2 1 0	⑪疲労感（疲れた感じ）	
④熟睡感のなさ	3 2 1 0		3 2 1 0
⑤手足の冷え	3 2 1 0	⑫便秘	3 2 1 0
⑥首や肩のこり	3 2 1 0	⑬腹痛	3 2 1 0
⑦目の疲れや痛み	3 2 1 0	⑭下痢	3 2 1 0
⑧腰痛（腰がいたい）	3 2 1 0	⑮消化不良	3 2 1 0

合計（　　　　）点

合計12点以下：ストレスレベルは平均／13〜17点：やや注意／18点以上：かなり要注意

【解説】得点の高い項目は、身体にあらわれたストレスサインです。サインがあらわれたらストレスが高くなっている信号と考え、注意しましょう。①〜⑤の得点が高い人は、ストレスが自律神経系のサインとしてあらわれやすいタイプ。食事・睡眠などの生活リズムを整えます。リラクゼーションが有効です。⑥〜⑩の得点が高い人は、筋緊張系にサインがあらわれやすいタイプ。ストレッチングやお風呂で筋肉の緊張をゆるめます。水泳などの、筋肉をほぐすスポーツもよいでしょう。⑪〜⑮の得点が高い人は、消化器系にサインがあらわれやすいタイプ。バランスのとれた規則正しい食生活に心がけ、基礎体力をつけて、ストレス耐性をつけるとよいでしょう。

清水 勇・阿部裕子「親・保育者のための子育て・保育カウンセリングワークブック」p.137-138
学事出版　2016年より抜粋

学びのポイント

ユミリ　：保育者も、自分を大切にすることが必要なんですね。

スギ先生：そうです。自分のメンタルヘルスをよい状態に保つことも職業人とし
　　　　　ては必要なことです。

POINT

> ① ストレスはこころを鍛える上で必要な面もあるが、負荷がかかりすぎ
> ないようにすることが必要である。
> ② ストレスはストレッサー、ストレス反応、コーピングの３つの観点か
> ら把握する。
> ③ 自分に合ったストレス解消法を見つけ、ストレスに対処できるように
> する。

ユミリ　：自分がいい状態じゃないと、子どもにいい状態で向き合えないですも
　　　　　んね。

スギ先生：その通り。ユミリさんもよくわかってきましたね。

ユミリ　：それと、無理せず等身大の自分でいくことも大切ですよね。

スギ先生：はい。

ユミリ　：じゃあ私、無理せず帰りま〜す。ツヨシと遊んで気分転換するんで♪

スギ先生：早っ!!　…ユミリさん、がんばってくださいね、応援しています。
　　　　　…さて、私も今日は早く帰ろうっと。

第10章　保育者のメンタルヘルス

学びの
メモ

第10章 保育者のメンタルヘルス

学習日： 　年　　月　　日

| 番号 |
| 名前 |

① ストレスとはどのようなものかについてまとめましょう。

② ストレスへの対処法についてまとめましょう。

③ うつ病についてまとめましょう。

ストレス解消法

いろいろなストレス解消法がありますが、ここでは一人でできるストレス解消法をご紹介します。

1．10秒呼吸法

ストレスを感じているときは呼吸が浅くなっているといわれています。ゆっくり深い呼吸をくり返すことで、ぐるぐる回っていた思考が止まり、こころが落ち着いてきます。10秒呼吸法は、10秒をカウントしながら呼吸を行う方法です。

〈やり方〉

① 息を吐き出す
② 1、2、3と数えながら鼻から息をゆっくり吸う
③ 4、で息を止める
④ 5、6、7、8、9、10と数えながら、口から息をゆっくり吐く
⑤ 無理のない範囲でくり返す

2．自律訓練法

ドイツの精神科医J.シュルツが考案した自己催眠の一種で、自分で行えるリラクゼーション方法として知られています。

〈やり方〉

① 目をつぶり、身体を軽く揺すって力を抜き、深呼吸する。
　深呼吸に合わせて「気持ちが落ち着いている」と唱えながら感じて、これを2〜3回くり返す。
② 「手足が重たい」と唱えながら感じる。
　利き手→反対の手→両手→利き手と同じ方の足→反対の足→両足　の順番で行う。
③ 「手足が温かい」と唱えながら感じる。
　利き手→反対の手→両手→利き手と同じ方の足→反対の足→両足　の順番で行う。

④「心臓が静かに規則正しく脈打っている」と唱えながら感じる。

　※心疾患のある人は④は行わないこと。

⑤「楽にゆったり呼吸している」と唱えながら感じる。

⑥「お腹が温かい」と唱えながら感じる。

⑦「額が涼しい」と唱えながら感じる。

〈消去動作〉

　上記の訓練の後に、両手を強く握ったり、開いたりする。両手を組んで大きく伸びをする。首や肩をよく回す。その他、身体をほぐして自己催眠状態からさめる。

おわりに

　「スギ先生と学ぶ教育相談のきほん」、いかがだったでしょうか。
スギ先生とユミリさん、ツヨシくんとのやりとりを通して、教育相談のエッセンス（重要性、技法、姿勢など）を紹介しました。

　難しいところもあったかもしれませんが、最初は誰でも初心者です。全部が分からなくても、うまくできなくても当たり前です。一読で終わらず、くりかえし読んで、考えて、やってみてください。スギ先生がユミリさんの成長を見守っているように、今度は誰かを見守る人になっていただけたら、という願いがあるからです。

　おかげさまで初版発行後、様々な方から反響をいただきました。学生や大学の先生、心理相談職の方などです。多くは「分かりやすい」「読みやすい」「おもしろい」「基礎が網羅されている」と嬉しいご感想でした。同時に、ここはもっとこうしたら、というご提案もいただきました。それを参考に、このたび内容を追加してより充実させた第2版としてお届けできることになりました。ありがとうございます。

　この一冊が、「誰かを支える誰か」の支えとなったら、こんなに嬉しいことはありません。

2019年1月

杉﨑雅子

文献一覧

筆頭著者（編者、監修者）のアルファベット順

第1章

● 石隈利紀『学校心理学 ―教師・スクールカウンセラー・保護者のチームによる心理教育的援助サービス』誠信書房　1999年

● 宮川萬寿美・金澤久美子『教育相談　学習の手引き』小田原短期大学保育学科通信教育課程　2017年

● 無藤 隆・汐見稔幸（編）『イラストで読む！　幼稚園教育要領　保育所保育指針　幼保連携型認定こども園教育・保育要領　はやわかりBOOK』学陽書房　2017年

● 横浜市教育委員会「指導プログラム編　20.いろんな気持ちを表現してみよう」『子どもの社会的スキル横浜プログラム　三訂版』横浜市教育委員会　2012年
http://www.city.yokohama.lg.jp/kyoiku/plan-hoshin/20120816154841.html

第2章

● 橋本泰子『虐待児の心理アセスメント ―描画からトラウマを読みとる』ブレーン出版　2004年

● 生澤雅夫・松下 裕・中瀬 惇（編著）『新版K式発達検査2001　実施手引書』京都国際社会福祉センター　2002年

● C.A. マルキオディ（著），角山富雄・田中勝博（監訳）『被虐待児のアートセラピー』金剛出版　2002年

● 田中教育研究所（編）『田中ビネー知能検査Ⅴ　採点マニュアル』田研出版　2003年

● D.ウェクスラー（著），日本版WISC-IV刊行委員会（訳編）『日本版WISC-IV　実施・採点マニュアル』日本文化科学社　2010年

第3章

- 上林靖子（監修）『健康ライブラリー　発達障害の子の育て方がわかる！ペアレント・トレーニング』p.11　講談社　2009年
- 上林靖子（監修），北 道子・河内美恵・藤井和子（編）『こうすればうまくいく ―発達障害のペアレント・トレーニング実践マニュアル』中央法規出版　2009年
- 上林靖子（監修），河内美恵・楠田絵美・福田英子（編著）『保育士・教師のためのティーチャーズ・トレーニング ―発達障害のある子への効果的な対応を学ぶ』中央法規出版　2016年
- 小平雅基・中野圭子（監修）『Gakken 保育 Books　気になる子のために保育者ができる特別支援』p.93-94　学研　2014年
- E. キューブラー＝ロス（著），鈴木晶（訳）『死ぬ瞬間 ―死とその過程について』中央公論新社　2001年
- 野口啓示『むずかしい子を育てるペアレント・トレーニング ―親子に笑顔がもどる10の方法』明石書店　2009年
- 大阪府教育センター教育相談室『保護者とのかかわりハンドブック』2008年
- C. ウィッタム（著），中田洋二郎（監訳）『読んで学べるADHDのペアレントトレーニング ―むずかしい子にやさしい子育て』p.15　明石書店　2002年

第4章

- 野村直樹『やさしいベイトソン ―コミュニケーション理論を学ぼう！』金剛出版　2008年
- C.R. ロジャーズ（著），H. カーシェンバウム，V.L. ヘンダーソン（編），伊東 博・村山 正治（監訳）『ロジャーズ選集（上）―カウンセラーなら一度は読んでおきたい厳選33論文』誠信書房　2001年
- 佐川寛子・成瀬美恵子『これだけは知っておきたい　保育者のためのカウンセリングマインド入門』チャイルド本社　2007年

第5章

● 松山 真（監修・指導）『～面接教育ビデオシリーズ～基礎編　第1巻　初回面接での信頼関係の確立』メディアパーク　2000年（DVD）
● 松山 真（監修・指導）『～面接教育ビデオシリーズ～基礎編　第2巻　ラポールの確立につながるノンバーバルコミュニケーション』メディアパーク　2000年（DVD）
● 三宮真智子『心理学ジュニアライブラリ04巻　考える心のしくみ ―カナリア学園の物語』p.18-20　北大路書房　2002年

第5章・第6章

● 古宮 昇『プロカウンセラーが教える　はじめての傾聴術』ナツメ社　2012年
● 古宮 昇（監修）『プロカウンセラーが教える　場面別 傾聴術レッスン』ナツメ社　2015年

第7章

● W. ドライデン（編）F. ウィルス（著）『認知行動療法の新しい潮流3　ベックの認知療法』明石書店　2016年
● M. E. エデルシュタイン，D. R. スティール（著），城戸善一（監訳）『論理療法による3分間セラピー ―考え方しだいで、悩みが消える』2005年　誠信書房
● 福井 至・貝谷久宣（監修）『図解 やさしくわかる認知行動療法』ナツメ社　2012年
● 國分康孝「第Ⅳ章　論理療法」河合隼雄・水島恵一・村瀬孝雄（編）『臨床心理学体系　第9巻　心理療法③』金子書房　1989年
● B. F. スキナー（著），河合伊六ほか（訳）『科学と人間行動』二瓶社　2003年
● 山崎浩一（編著）『とても基本的な学習心理学』おうふう　2013年

第8章

● 新井邦二郎（監修），藤枝静暁・安齊順子（編著）『保育者のたまごのための発達心理学　第3版』北樹出版　2017年
● 本郷一夫（編著），飯島典子・杉村僚子・平川久美子・平川昌宏（共著）『「気になる」子どもの保育と保護者支援』建帛社　2010年
● 文部科学省『特別支援教育の推進について（通知）』文部科学省ホームページ　2007年
http://www.mext.go.jp/b_menu/hakusho/nc/07050101.htm
● 文部科学省「平成29年度特別支援教育体制整備状況調査結果について（別紙1）」『平成

29年度特別支援教育に関する調査の結果について』文部科学省ホームページ　2018年

http://www.mext.go.jp/a_menu/shotou/tokubetu/1402845.htm

第9章

- 神奈川県教育委員会『支援が必要な子どものための「個別の支援計画」―「支援シート」を活用した「関係者の連携」の推進　改訂版』神奈川県ホームページ　2006年

  http://www.pref.kanagawa.jp/docs/hk2/cnt/f6722/

- 厚生労働省『要保護児童対策地域協議会設置・運営指針』厚生労働省ホームページ　2007年

  https://www.mhlw.go.jp/bunya/kodomo/dv11/05.html

- 宮川萬寿美・杉﨑雅子『教育相談　学習の手引き』小田原短期大学保育学科通信教育課程　2018年

- 冨田久枝・杉原一昭（編著）『保育カウンセリングへの招待　改訂新版』北大路書房　2016年

第10章

- 掛札逸美（文），柚木ミサト（絵）『保育者のための心のしくみを知る本 ―ストレスを活かす　心を守る』ぎょうせい　2017年

- 松村朋子「保育者のストレスに関する文献レビュー」大阪総合保育大学紀要　10号　p.203-213　2016年

  http://doi.org/10.15043/00000084

- 中野敬子『ストレス・マネジメント入門　第2版 ―自己診断と対処法を学ぶ』p.47　金剛出版　2016年

- 中島節夫（監修）福山嘉綱，自律訓練法研究会（著）『臨床家のための自律訓練法実践マニュアル ―効果をあげるための正しい使い方』遠見書房　2015年

- 清水 勇・阿部裕子『親・保育者のための子育て・保育カウンセリングワークブック』p.137-138　学事出版　2016年

- 砂上史子（編著）『保育現場の人間関係対処法 ―事例でわかる！　職員・保護者とのつきあい方』中央法規出版　2017年

さくいん

あ

I メッセージ（アイ） …………………………………… 63
うつ病 ………………………………………………… 106
オープンクエスチョン ……………………………… 57
オペラント条件づけ ………………………………… 67

か

カウンセリングマインド …………………………… 36
感情の反射 …………………………………………… 56
教育相談 ……………………………………………… 4
教育相談コーディネーター ………………………… 78
教育相談体制 ………………………………………… 78
共感的理解 …………………………………………… 36
くり返し ……………………………………………… 56
傾聴 …………………………………………………… 46
ケース会議 …………………………………………… 79
行動療法 ……………………………………………… 67
コーピング …………………………………………… 105
子育て支援 …………………………………………… 4
子ども理解 …………………………………………… 12
コンサルテーション ………………………………… 80

さ

支援シート …………………………………………… 94
自己一致 ……………………………………………… 36
児童相談所 …………………………………………… 92
児童発達支援センター ……………………………… 92
就学相談 ……………………………………………… 93
受容 …………………………………………………… 36
障害受容 ……………………………………………… 25
自律訓練法 …………………………………………… 112
事例検討会 …………………………………………… 79
スキナー, B. F. ……………………………………… 67

ストレス ……………………………………………………… 104
ストレス反応 ………………………………………………… 104
ストレスマネジメント ……………………………………… 106
ストレッサー ………………………………………………… 104
ソーシャルスキルトレーニング ………………………… 69

た

ダブルバインド（二重拘束）……………………………… 37
トークンエコノミー ………………………………………… 68
特別支援教育 ………………………………………………… 78
特別支援教育コーディネーター ………………………… 78

な

認知行動療法 ………………………………………………… 70
認知の歪み …………………………………………………… 74

は

非言語的コミュニケーション …………………………… 46
ペアレント・トレーニング ……………………………… 31
保育カウンセラー …………………………………………… 79
保健センター ………………………………………………… 92
保護者支援 …………………………………………………… 22

ま

明確化 ………………………………………………………… 56
メンタルヘルス ……………………………………………… 101

や

幼小連携 ……………………………………………………… 100
要保護児童対策地域協議会 ……………………………… 93
要約 …………………………………………………………… 57

ら

連携 …………………………………………………………… 93
ロジャーズ, C. ……………………………………………… 36

1

10秒呼吸法 …………………………………………………… 112

著 者 紹 介

杉﨑雅子（すぎざき　まさこ）

小田原短期大学　保育学科　准教授
公認心理師・臨床心理士・学校心理士スーパーバイザー

スギ先生と学ぶ　教育相談のきほん

2018年10月23日　初　版第1刷発行
2019年 4 月 3 日　初　版第2刷発行
2019年 4 月25日　第2版第1刷発行
2024年 4 月11日　第2版第5刷発行

著　者　杉﨑雅子

発行者　服部直人

発行所　株式会社萌文書林
　　　　〒113-0021　東京都文京区本駒込6-15-11
　　　　TEL 03-3943-0576　FAX 03-3943-0567
　　　　https://www.houbun.com
　　　　E-mail: info@houbun.com

印刷所・製本所　中央精版印刷株式会社

デザイン・DTP　久保田祐子（クリエイティブ悠）

イ　ラ　ス　ト　西田ヒロコ

定価はカバーに表示してあります。

落丁・乱丁は送料弊社負担にてお取替えいたします。

@Masako Sugizaki 2018, Printed in Japan
ISBN 978-4-89347-315-8　C3037